कागज़ का घर

कागज पर छुपी दास्तान

सेजल पति

BlueRose ONE.com
Stories Matter
NewDelhi • London

BLUEROSE PUBLISHERS
India | U.K.

Copyright © Sejal Pati 2025

All rights reserved by author. No part of this publication may be reproduced, stored in a retrieval system or transmitted in any form or by any means, electronic, mechanical, photocopying, recording or otherwise, without the prior permission of the author. Although every precaution has been taken to verify the accuracy of the information contained herein, the publisher assumes no responsibility for any errors or omissions. No liability is assumed for damages that may result from the use of information contained within.

BlueRose Publishers takes no responsibility for any damages, losses, or liabilities that may arise from the use or misuse of the information, products, or services provided in this publication.

For permissions requests or inquiries regarding this publication, please contact:

BLUEROSE PUBLISHERS
www.BlueRoseONE.com
info@bluerosepublishers.com
+91 8882 898 898
+4407342408967

ISBN: 978-93-6783-354-4

Cover design: Yash Singhal
Typesetting: Namrata Saini

First Edition: April 2025

Prologue

कुछ एहसास कहे नहीं जाते, कुछ दर्द सुने नहीं जाते, और कुछ हकीकतें ऐसी होती हैं जो आँखों के सामने होते हुए भी अनदेखी रह जाती हैं। यह किताब उन्हीं अनकही भावनाओं, दबे हुए शब्दों और छुपे हुए जज़्बातों की एक स्याहीभरी तस्वीर है।

"कागज़ का घर" केवल कविताओं का एक संग्रह नहीं, बल्कि एक आईना है— जिसमें हर पाठक अपने किसी न किसी पहलू को देख सकेगा। यह संग्रह उन पहलुओं को उजागर करता है, जिन्हें दुनिया अक्सर अनदेखा कर देती है, वे कहानियाँ जो दबी रह जाती हैं, वे भावनाएँ जिन्हें हम महसूस तो करते हैं पर शब्द नहीं दे पाते।

हर पंक्ति, हर शब्द एक ऐसी दुनिया का द्वार खोलता है जहाँ प्रेम की मासूमियत भी है, दर्द की गहराइयाँ भी, समाज की कठोर सच्चाइयाँ भी और जीवन के अर्थ को खोजने की छटपटाहट भी। यह किताब उन आवाज़ों को स्वर देती है जो सन्नाटों में गुम हो जाती हैं, उन आँखों के आँसुओं को पन्नों पर उतारती है जिनकी नमी को समाज सूख जाने देता है।

इस संग्रह की हर कविता आपको सोचने पर मजबूर करेगी— कभी आपकी अपनी भावनाओं का प्रतिबिंब बनकर, तो कभी एक अनसुनी कहानी की गूँज बनकर। यह किताब सिर्फ पढ़ने के लिए नहीं, महसूस करने के लिए है।

तो आइए, इस कागज़ के घर की दीवारों में छुपे एहसासों को पढ़िए, महसूस कीजिए और उन अनछुए पहलुओं से परिचित होइए, जिन्हें दुनिया अक्सर नज़रअंदाज़ कर देती है।

अनुक्रमणिका

वतन 1
- भारत 3
- संघर्ष अखंड भारत बनाने का 8

समाज या बंधन? 11
- नारी 13
- ना की कीमत 17
- प्रकृति की गुंजाइश है ये~ 21
- कल हो ना हो 23
- खो गया मेरा जीवन 26
- द्रौपदी की हुंकार 29
- थमी हुई उड़ान 33
- अधूरा सफर 36
- माँ, मेरी क्या गलती थी? 40

सुनहरी डोर 43
- कोशिश तो करो 45
- हिंदी – मेरी पहचान 46
- अनजान दोस्ती 48
- बेनाम रिश्ता अनोखा किस्सा 50
- मेरी कोहिनूर - मेरी माँ 52
- पानी 54

टूटा भ्रम 59

शायद 61
उस चाँद ने कुछ पूछा था 63
ईश्वर से शिकायत 64
गुस्ताखी माफ़ 65
ख्वाब 66
वादा 68
तेरी मीठी बातें 71
मौत से भी ज़ख्मी 73
नफरत की स्याह 75
मुँह मोड़ देते हो 78
नियति या कर्म 80
धोका 82
अनकही दास्ताँ 84
पिया 86

कुछ बेरंग क़िस्से 89

खो गए हम कहाँ~ 91
तू बस खुश रहना 94
यशोदा - ए - बादल 97
एक था राजा, एक थी रानी 101
ज़िंदगी से मुराद 103
ये किस्सा है उलझे दिलों का 106
खामोशी के पार 108
तेरे बिना मैं 111
दौर-ए-हयात 113
मिल जाए तो मिट्टी, खो जाए तो सोना 116

अनहद **119**

तेरी जुदाई की याद 121

दिल क्यों शोर मचाए 123

प्यार हुआ हमें तुमसे 125

हीर – रांझा 127

मोहब्बत 131

दूसरी मोहब्बत 133

इश्क़ 135

वतन

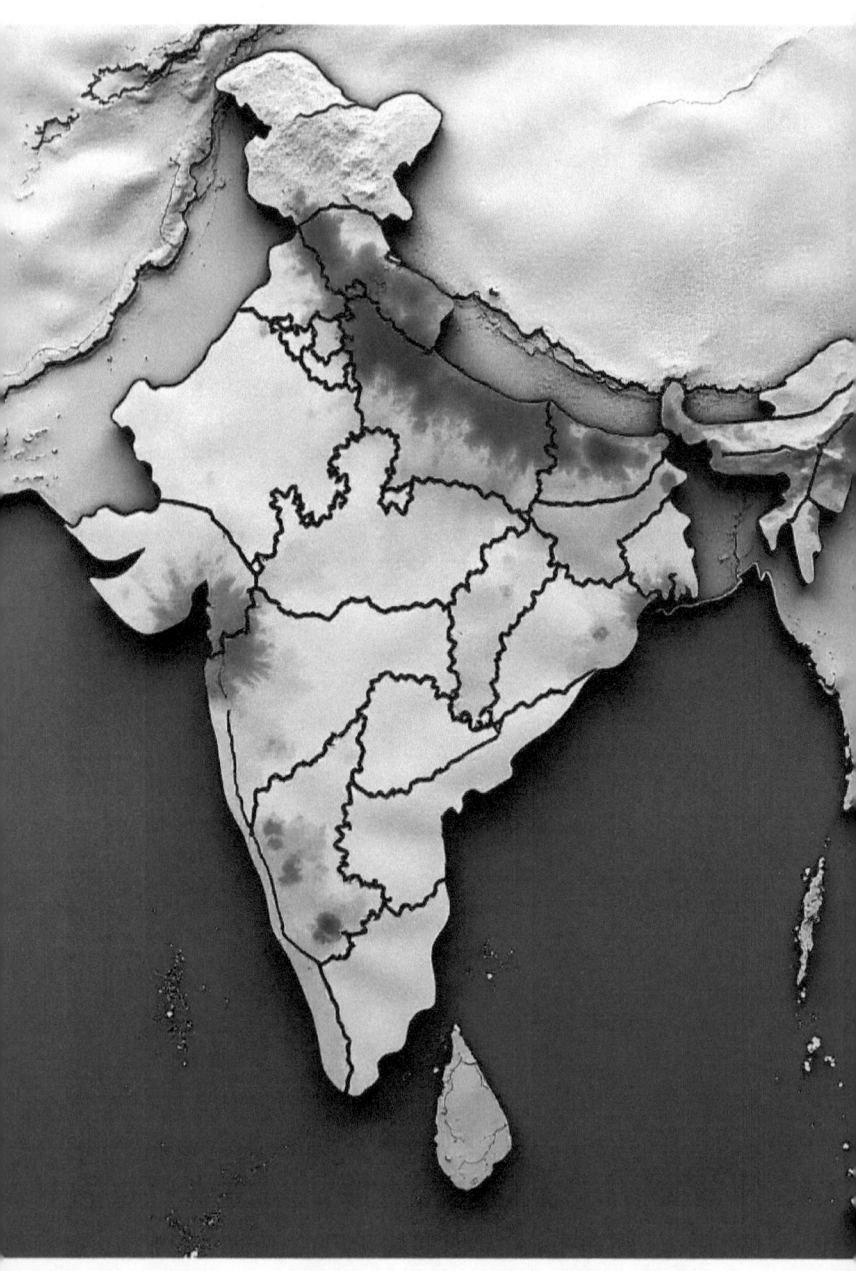

भारत

ये भारत है हमारा,
जहाँ कश्मीर की वादियाँ हैं,
थार की ऊँचाइयाँ भी हैं।
जहाँ गरबा की थाप गूंजती है,
और कथक की चाल झूमती है।

भारत स्वर्ण भूमि हमारा,
संस्कृतियों ने सँवारा है।
त्याग और प्रेम के दीप जलाकर,
हमने इसे निखारा है।

भारत है ये देश हमारा,
अपनों सा ही लगता है जो प्यारा;
चिक-चिक कर निकलता है, इसलिए
हमारे दिल से यह जय हिंद का नारा।

यह माटी है हमारे जवानों की,
यह माटी है हमारे मेहनत करने वाले किसानों की,
यह माटी है हमारे वीरों की,
शानों के बलिदानों की।

उम्र न पूछो, धर्म न पूछो,
मिट्टी के रखवाले को;
अंगारों पर चलते हैं कदम जिसके,
गंगा सा बहता है लहू जिसका,
सूरज की किरणों को ध्वज से देखती हैं आँखें जिसकी,
यही हमारे चैन की नींद और चलती सांसों के रखवाले कहलाते हैं,
यही हमारे देश के लिए बलिदान देने वाले वीर कहलाते हैं।

जब किसी ने अपना लाल खोया,
तो किसी ने अपना सहारा खोया;
तब जाकर हमें ये किनारा मिला,
तब जाकर हमने ये सरहद पाया।

बेझिझक शहीद हो जाते हैं वो नौजवान,
जब मालूम होता है उन्हें,
कि सजाया जाएगा कफन उनका उस तिरंगे से;
जब सम्मान मिलेगा उनकी क़ुरबानी को उस राष्ट्रगान से।

"एक ही दिन" के लिए झंडा फहराने वाले लोग,
तुम क्या जानो देश के लिए मर मिट जाने का मोल;
तुमने तो बस एक इंसान खोया है,
तुम क्या जानो उस अनाथ का दर्द,
तुम क्या जानो उस बूढ़ी माँ का दर्द।

"एक ही दिन" आज़ादी का जश्न मनाने वाले लोग,
तुम क्या जानो पाँच सौ साल गुलामी का दर्द,
तुम क्या जानो जलियांवाला बाग़ हादसे का कष्ट,

तुमने तो सिर्फ किताबें पढ़कर अक्षर छापे हैं,
आख़िर तुम क्या जानो उस एक भारत का तीन
टुकड़ों में विभाजित होने का दर्द।

कहने को तो हम यह कह ही देते हैं,
कि हमारी जड़ें आज भी भारत से जुड़ी हैं;
लेकिन फिर भी, शास्त्रीय नृत्य की अपेक्षा,
आधुनिक नृत्य को ही ज़्यादा मान्यता देते हैं;
लेकिन फिर भी, विदेशी परिधान की अपेक्षा,
पारंपरिक पोशाक पहनने की बात आने पर,
हम आज भी ज़रा हिचक ही जाते हैं।

अठहत्तर साल हो गए हमें आज़ाद होकर,
लेकिन सवाल ये उठता है,
कि क्या हम वाकई आज़ाद हैं?
'स्वराज' की आज़ादी मिली है जनाब!
लेकिन आज भी,
लड़कियों को अकेले सड़कों पर चलने की आज़ादी नहीं मिली,
लेकिन आज भी हमें सच की जानकारी के लिए
एक सवाल तक पूछने की आज़ादी नहीं मिली।

दिलों में बँटी हैं सरहदें,
ज़ुबान पर इंकलाब है।
हाथों में बेड़ियाँ छुपी हैं,
क्या यही आज़ाद ज़हन का ख्वाब है?

या आज़ादी वह है,
जब रातों के सपने सच होंगे,
जब राखी की शपथ पूरी होगी?
या आज़ादी वह है,
जब पीछे बिछड़े लोग आवाज़ उठाने से न डरें,
और आगे बढ़ने वाले लोग पीछे मुड़कर सहारा देने से न डरें?

ठाकुर साहब का उन अंग्रेज़ों के साथ लड़ना न फ़िज़ूल था,
उस तेईस साल के सरदार का 'रंग दे बसंती'
गाकर फांसी पर चढ़ना न फ़िज़ूल था।
आख़िर जनाब!
उस पाँच सौ साल की गुलामी ने हमें आज़ादी ही थोड़ी सिखाई है,
हमें तो सरदार वल्लभभाई पटेल ने एकता भी सिखाई है,
और सुभाष चंद्र बोस ने संघर्ष करना भी सिखाया है।

बापू के सत्याग्रह से लेकर,
विंग कमांडर अभिनंदन वर्धमान की ईमानदारी तक;
कर्णम मल्लेश्वरी की जीत से लेकर,
भारत कोकिला की नारी सशक्तिकरण की कोशिश तक;
सभी, भारत की शान कहलाएँगे,
जब वे इन देश भक्तों की तरह भारत के लिए,
अपनी जान तक न्योछावर कर दिखलाएँगे।

चलो भारतीयों, शपथ ये लेते हैं हम आज,
कि जितना हो पाएगा, भारत के लिए काम आएँगे,
ज़रूरत पड़ने पर भारत के लिए क़ुर्बान हो जाएँगे।
चलो भारतीयों, शपथ ये लेते हैं हम आज,

कि भारत की बुनियाद को हम पुख़्ता बनाएँगे,
आख़िर इस बार तो हम, नारियों की रक्षा व सुरक्षा करके ही दिखाएँगे।

जब तक साँसें चलती रहेंगी,
तब तक उस तिरंगे की ज़मानत हम पर रहेगी;
जब तक साँसें चलती रहेंगी,
तब तक मन में देशभक्ति की भावना जागती रहेगी।

संघर्ष अखंड भारत बनाने का

धर्म और ईमान के नारे लगाकर तुमने कल देश बाँटा था,
आज देश के नारे लगाकर तुम इंसान बाँट रहे हो!

इंसानियत भूलकर तुम तहज़ीब की बात कर रहे हो,
आज यह नरसंहार कर तुम सम्मान की बात कर रहे हो?

तुम कल भी वही थे, आज भी वहीं हो |
औरों के मुल्क को छोड़ो,
तुम ख़ुद के मुल्क के लिए ही एक मुनाफ़ी हो,
फिर भी नेताओं की जेब भरने में सिर्फ तुम ही काफी हो!

लाल सलिल सूरज डूबने पर परछाई के कारण होता है जनाब,
लेकिन आपने तो अपनों के खून से इसे लाल किया है,
मुहर्रम मनाओ या गंगा में डुबकी मारो,
तुम्हारे पाप नहीं मिटेंगे!

पिछली बार तुमने एक भारत के तीन टुकड़े किए थे,
इस बार तो चुन-चुन कर डालोगे |

उठो भारतीयों,
नेत्र खोलो,
तैयार रहो तुम |

तुम भी इस बार हक़ जताना,
भाई-बहन की शपथ को हक़ीक़त दिखलाना |
धार्मिक और सनातनी के ढोंग से तुम ज़रा बच जाना,
तुम उनकी तरह बस ईमान से बिक मत जाना |

वापस ज़िक्र करती हूँ यह बात -

कल इन्होंने हमारे देश को तोडा था,
आज हमें तोड़ रहे हैं,
चुप्पी इन्हें सुनाई न देती, अस्त्र उठाने पर यह भड़क जाते;
एकमात्र सहारा है जीवित रहना का,
इंसानियत जताने का,
तुम भी जंग लड़ो इनसे, तुम भी हड़ताल करो,
इन नेताओं की कुर्सी का मोल जताओ, इस बार वोटों से भी हक़ दिखलाओ।

सही-ग़लत तो पहले परख लो तुम |
आख़िर क्यों,
'राधे कृष्ण' और 'अल्लाह हु अकबर' कहने वालों पर अंधा निशाना मार रहे हो तुम?
और वहीं आतंकवादी -
साजिद मीर, मुख्तार अंसारी, बुरहान वानी और याक़ूब मेमन के जनाज़ों पर कंधा दे रहे हो तुम?

आओ, भारतीयों! इस बार संघर्ष अखंड भारत बनाने का है,
न कि वापस विभाजित होने का!

सारांश

यह कविता भारतीयों को चेतावनी देती है कि धर्म और मज़हब के नाम पर बँटवारा कभी भी देश के लिए लाभकारी नहीं रहा। भारत का इतिहास गवाह है कि सांप्रदायिक विभाजन ने हमें पहले ही तीन हिस्सों—भारत, पाकिस्तान और बांग्लादेश—में बाँट दिया था। लेकिन 78 साल बाद भी हम आपसी वैमनस्य को मिटाने के बजाय, अपने ही भाई-बहनों के खून से धरती लाल कर रहे हैं।

नेता अपनी कुर्सी बचाने के लिए चुप हैं, और कुछ लोग मज़हब के नाम पर अंधे हो चुके हैं। पर हमें यह याद रखना होगा कि हमारा भारत विविधता में एकता का प्रतीक है। अगर अब भी हम नहीं संभले, तो भविष्य में भारत के टुकड़े समेटना भी मुश्किल हो जाएगा।

इसलिए, हमें आतंकवाद और कट्टरता को बढ़ावा देने से बचना होगा, सच्चे भारतीय बनकर एकता को मजबूत करना होगा और अपने मताधिकार का प्रयोग सोच-समझकर करना होगा। हमारा संघर्ष अब बँटने के लिए नहीं, बल्कि अखंड भारत को बनाए रखने के लिए होना चाहिए।

समाज या बंधन?

नारी

जो आँचल कभी सूरज की पहली किरण चूमने चला था,
उसे चार दीवारों की जंजीरों में क़ैद कर दिया।
जो हवाएँ मेरी पायल संग थिरकती थीं,
उन्हें पर्दों की सलवटों में दफ़्न कर दिया।
मेरी चूड़ियों की खनक को मर्यादा बना दिया,
मेरी पायल की झनकार को शराफत का साज़ बना दिया।
पर क्या कभी साज़ की धुन किसी के क़दमों में ठहरती है?
क्या बेख़ौफ़ हवाओं की उड़ान रोकी जा सकती है?

सड़कों पर तो चलते तुम भी हो,
पर अटकी नज़रें सिर्फ़ मुझ पर क्यों?
शिक्षा के अधिकार तुम भी रखते हो,
पर सपनों की बेड़ियाँ सिर्फ़ मेरे लिए क्यों?
मुझे देवी कहकर पूजा,
मगर इंसान मानने से कतराया,
मुझे ममता का रूप बताया,
मगर हक़ जताने से डराया।

बेजुबान हमें कर,
तुमने ख़ुद को शेर बना लिया,
हमें मुट्ठी में क़ैद कर दिया,
फिर ख़ुद को मर्द बता दिया?
क्या जंगल का राजा वही होता है,

जो अपने ही घर को शिकारगाह बना ले?
क्या ताक़त वही कहलाती है,
जो दर्द की ईंटों पर खड़ी हो?

यह कलयुग है जनाब,
यहाँ राखी भी झूठ है,
यहाँ माँ को देवी कहना भी झूठ है।
जो देवी थी, उसे चिता पर बैठा दिया,
जो लक्ष्मी थी, उसे दहेज के नाम पर जला दिया।
अगर सच में पूजा करते,
तो यूँ हमें हवस की वेदी पर कुर्बान न करते।

क्या जुर्म किया था हमने,
जो जन्म सिद्ध अधिकार ठुकरा रहे हो?
कैसा अत्याचार है ये हम पर,
की इंसान की ज़िंदगी भी चैन से जीने न दे रहे हो !

कल तक चुप थे,
पर अब यह सन्नाटा गूँजेगा,
कल तक आँसू थे,
अब ये शोले बनकर बरसेंगे।
जो हाथ दहलीज़ से बाहर रखने की इजाज़त न मिली,
वो अब अपनी तक़दीर खुद लिखेंगे।
अब पर्दों में छिपने की आदत को छोड़,
हम सूरज की तरह चमकेंगे।

इज़्ज़त हमारा हक़ है,
इसे माँगकर नहीं लेंगे,
इज़्ज़त हमारी पहचान है,
इसे तुम्हारी भूख की भेंट नहीं चढ़ने देंगे।

हैवानियत का चोला उतार फेंको,
इंसान बने रहना सीखो।
नारी हैं हम,
कोई तमाशा नहीं।
इंसान हैं हम,
तुम्हारी कठपुतली नहीं।

सारांश

यह कविता दर्शाती है कि नारी केवल पुरुषों की सेवा करने या उनकी क्रूरता का शिकार बनने के लिए नहीं बनी। उन्हें भी अपने सपने पूरे करने हैं, बेखौफ सड़कों पर चलना है। समाज एक ओर स्त्रियों की पूजा करता है, तो दूसरी ओर उनके अधिकार छीनता है। "बेटी बचाओ, बेटी पढ़ाओ" कहने वाले ही उनके सपनों को कुचलते हैं, उनके जीने की वजह छीन लेते हैं।

नारी का जन्म सिर्फ़ सजने-संवरने या अपनी इज़्ज़त की भेंट चढ़ने के लिए नहीं हुआ। वे कठपुतली नहीं, जो किसी के इशारे पर चलें। अगर देवी मानकर असुरों सा व्यवहार ही करना है, तो बेहतर होगा उन्हें इंसान समझकर सम्मान दिया जाए।

हमें महान नहीं बनना, न ही बेचारी कहलाना। हमें सिर्फ़ इंसान बनकर वही करना है, जिस पर तुम्हारे लिए न कोई सवाल उठता है और न ही समाज तुम्हें कोसता है। क्या इतना माँगना भी बहुत ज़्यादा है?

ना की कीमत

जब मेरी इज़्ज़त हथेलियों से फिसल रही हो,
जब मेरी चीखें बेजान दीवारों से टकरा रही हों,
जब आँखों में आँसू नहीं, लहू ठहर जाए,
जब दर्द के निशान जिस्म नहीं, रूह पर छूट जाए,
तब ना की कीमत क्या होती है?

जब साँसें घुटती हों, मगर दम निकलने न दिया जाए,
जब हाँ का सौदा हो, पर ना की बोली न लगाई जाए,
जब ज़िन्दा रहकर भी मरने की सज़ा दी जाए,
जब अपने ही घर में बेगानों की तरह डरकर जिया जाए,
तब ना की कीमत क्या होती है?

जब भरोसे के नाम पर हथकड़ी पहनाई जाए,
जब ख़ामोशी को सहमति मान लिया जाए,
जब चुप्पी भी दर्द के बोझ से चीख उठे,
जब जुर्म की सफ़ाई में हमें ही गुनहगार ठहराया जाए,
तब ना की कीमत क्या होती है?

जब आँखों में सपनों की जगह दरारें हों,
जब रातें नींद नहीं, सज़ा बन जाएँ,
जब हर परछाई में एक शिकारी नज़र आए,
जब महफिलों में अपने होने का एहसास भी डराने लगे,
तब ना की कीमत क्या होती है?

जब दोस्ती के नाम पर हक़ जताया जाए,
जब मुस्कान को न्योता समझ लिया जाए,
जब ना सुनकर भी कान बहरे कर लिए जाएँ,
जब प्यार का मुखौटा पहनकर साज़िशें रची जाएँ,
तब ना की कीमत क्या होती है?

तुम कहते हो, तुम्हें खबर न थी,
तुम्हें बताया भी, मगर तुमने सुना नहीं,
तुमने तो सिर्फ़ अपनी भूख देखी,
और मेरी 'ना' की क़ीमत गिरा दी।

अगर इश्क़ में जबरदस्ती होती,
तो गुलाब काँटों से इतराते,
अगर चाहत ज़बरन मिलती,
तो नदियाँ समंदर में घुलने से इनकार कर जातीं।
अगर मोहब्बत दर्द की शक्ल होती,
तो बारिश आग बनकर बरस जाती।

लेकिन जनाब, चाहत सिर्फ़ आँखों से पढ़ी जाती है,
हाथों से नहीं छीनी जाती।
इज़्ज़त सिर्फ़ मर्दानगी की जागीर नहीं,
किसी की रज़ामंदी पर सवाल उठाने से मोहब्बत होती नहीं।
अगर हक़ जताना ही इश्क़ होता, तो कैदख़ाने सबसे बड़े आशियाने होते।

जब हँसी के बदले दहशत हो,
जब छूने से कंपकंपी दौड़ जाए,
जब अपनी ही परछाई डराने लगे,

जब ज़िन्दगी एक बंद कमरे की घुटन बन जाए,
जब डर का साया हर रिश्ते पर मंडराए, तब ना की कीमत क्या होती है?

जब रातों को सन्नाटे चीखें दबा दें,
जब दाग़ शरीर पर नहीं, रूह पर लगें,
जब साँसें चलें, मगर ज़िन्दगी रुक जाए,
जब हर सुबह बीते कल का डर लेकर आए,
जब इंसान होकर भी इंसानियत खो जाए,
जब 'ना' कहने का हक़ भी छीन लिया जाए, तब ना की कीमत क्या होती है?

सारांश

यह कविता उस दर्द और अन्याय की कहानी कहती है, जहाँ 'ना' सिर्फ़ एक शब्द नहीं, बल्कि संघर्ष की चीख़ बन जाती है—जिसे बार-बार अनसुना किया जाता है। यह उन हालातों को उजागर करती है, जब किसी की असहमति को अहमियत नहीं दी जाती, जब भरोसे के नाम पर हक़ जताया जाता है, और जब एक इंसान की मर्ज़ी को समाज की चुप्पी में गुम कर दिया जाता है।

यह सिर्फ़ एक व्यक्ति की नहीं, बल्कि उन तमाम लोगों की कहानी है, जो हर दिन अपनी आवाज़ उठाने की हिम्मत जुटाते हैं, फिर भी चुप करा दिए जाते हैं। क्या सहमति सिर्फ़ एक औपचारिकता बनकर रह गई है?

कवयित्री यह सवाल उठाती हैं—अगर जबरदस्ती भी प्यार कहलाने लगे, तो इंसान और शिकारी में क्या फ़र्क़ रह जाएगा? अगर 'ना' का सम्मान नहीं किया जाएगा, तो क्या वाकई हमारी आवाज़ किसी की भी सहमति से ज़्यादा मायने रखती है? और सबसे अहम—क्या हम सिर्फ़ तब जागेंगे जब यह लड़ाई हमारी अपनी बन जाएगी?

प्रकृति की गुंजाइश है ये-

ओ इंसान, जब तुमने अपने शौक के लिए
मेरे घर से मुझे दूर किया था,
क्या तब तुम्हें दया न आई?
ओ इंसान, जब तुमने अपने मज़े के लिए
मुझे सर्कस में नचवाया था,
क्या तब तुम्हें दया न आई?

जब किसी ने मुझे मार कर खाया था,
तब तो तुम भड़क गए थे,
तब तो तुम्हें सारे ग्रंथों के श्लोक कंठस्थ हो गए थे।
लेकिन क्या तुम्हें अपनी कोई गलती नहीं दिखी?
मैं पूछती हूँ तुमसे,
क्या मेरे चमड़े से तुमने जो जूते व Bags बनाए थे,
जिन्हें दिखाकर तुम अपनी प्रचूरता सिद्ध करते थे,
क्या उस वक़्त तुम्हें यह श्लोक, यह विज्ञान की बातें याद न रही?

कैसे इंसान हो तुम?
इंसान होकर इंसानियत भूल जाते हो,
ऊँची दीवारों व महलों में रहने वाले ख्वाब लेकर,
तुम हरियाली की बातें करते हो!

शिकारी को शिकार करता देख, तुम एक जिम्मेदार नागरिक बन जाते हो,
किसी को पेड़ काटते देख, तुम अफसरों को चिट्ठी व समाज पत्रों पर लेख लिख लेते हो!
क्या इन कागज़ों को बनाते वक़्त कोई पेड़ नहीं काटा गया होगा?
क्या उन सोशल मीडिया पर पोस्ट करने के लिए ४जी और ५जी का नेट इस्तेमाल करते वक़्त कोई पक्षी आसमान से न गिरा होगा?

सच तो ज़रा दिखलाओ इंसान!
इंसानियत के नाम पर तुम ढोंग कर रहे हो!
तुम मेरे खातिर कुछ करने की झूठी कोशिश में सिर्फ चर्चित हो रहे हो!

कल हो ना हो

कल क्या पता कोई हो ना हो,
ये जो जहान,
कल हो ना हो।

नन्हे ख़्वाबों के साथ,
नादान सवालों के साथ,
वो किलकारी, कल हो ना हो,
आज का बचपन,
कल हो ना हो।

किसी की गोद में खेलना,
किसी के आँचल में छिपना,
फिर से किसी की पीठ पर बैठना,
कल हो ना हो,
आज का बचपन, कल हो ना हो।

बेफ़िक्र जीना, रोते-रोते कभी हँस देना,
एक गुब्बारे के लिए मुँह फुलाना,
बड़े चाव से उस आसमान में परिंदों को गिनना।

फिर कभी वही बारिश में भीगना होगा?
वही कागज़ की कश्ती, वो बहता किनारा होगा?
फिर किसी झूले पर बेपरवाह झूल पाएंगे?
फिर से मिट्टी में लोटने का बहाना होगा?

अब बारिशें भीगने नहीं देतीं,
अब झूले वक़्त से बंध गए हैं,
अब कोई हमें उठाकर नहीं घुमाता,
अब दर्द पर मरहम नहीं लगाए जाते।

तब कल के सपने देखते थे,
आज उसी की फ़िक्र में जीते हैं,
बस कल बचपन को जीते थे,
और आज बचपन की तस्वीरें ढूँढते हैं।

कल धूप सेंकने वाले, आज छाँव ढूँढते हैं,
कल हक़ की लड़ाई लड़ने वाले, आज एक कोने में सिकुड़े रहते हैं,
कल क़िस्मत पर भरोसा करने वाले, आज वक़्त का कुसूर कहते हैं,
कल अंधेरे से डरने वाले, आज उसी अंधेरे को घर बनाते हैं,
बस कल बचपन को जीने वाले,
आज उसी की याद में तड़प जाते हैं।

कभी माँ की लोरी में सपने बसते थे,
अब नींदें भी अधूरी लगती हैं।
कभी खिलौनों से घर सजता था,
अब ख़्वाहिशों में सारा जहाँ खो गया।

आज की ये ज़िंदगी जीने दो,
दो पल की ये ज़िंदगी जीने दो,
कल क्या पता कोई हो ना हो,
आज का बचपन, कल हो ना हो,
ये जो जहान, कल हो ना हो।

खो गया मेरा जीवन

सब कुछ था मेरे जीवन में,
जीवन ही मेरा खो गया;
सब कुछ था मेरे भाग्य में,
मेरा भाग्य ही मुझसे रूठ गया।

दो पल की खुशियों के लिए,
दो पल ही खुशियाँ मिलने लगीं;
किसी की आँखों में आँसू न आने के ख्वाब के लिए,
सभी की आँखें नम होने लगीं।

जिसका अधिकार है मुझ पर,
वह पाने से पूर्व मेरा अधिकार भी छीन गया;
जिस ईश्वर की कृपा को पाने के लिए
नए अनुशासन बनने लगे,
वह ईश्वर भी आज बँट गया।

क्या बचा है और इस जीवन में,
जब जीवन ही मेरा खो गया;
कुछ लोगों की उम्मीदें थीं हमारी हार से,
लो ! आज उनका वह ख्वाब भी पूरा हो गया।

कब तक यूँ खामोश रहेंगे,
दुःख बाँटने के लिए भी कोई चाहिए;
जब अपने ही अपनों पर शतरंज अपनाएँ,
तो सुख बाँटने के लिए भी अब कोई क्यों चाहिए?

क्या न्याय करने वाला न्याय करना भूल गया?
क्या हाल पूछने वाला अपना चाल भूल गया?
दिन भी रात लगने लगे हैं अब,
सुख देने वाले लोग भी,
अब दुःख पहुँचाने वाले लोग लगने लगे हैं अब।

सारांश

इस कविता में कवयित्री यह दर्शाती है कि कभी-कभी सब कुछ होने के बावजूद, व्यक्ति अपना जीवन, अपनी पहचान और अपनी खुशियाँ खो देता है। भाग्य पर भरोसा करने वाले अक्सर खुद को उसी भाग्य से ठगा हुआ पाते हैं।

हम कोशिश करते हैं कि किसी को दुःख न दें, लेकिन दुनिया वैसी नहीं चलती। हर इंसान का अपना नजरिया होता है, और कई बार, भले ही हम उन्हें अपने तरीके से खुश करने की कोशिश करें, फिर भी वे नाखुश रहते हैं।

इस कविता में यह भी बताया गया है कि हमने खुद को जाति, धर्म और संप्रदाय के टुकड़ों में बाँट दिया है, जिससे ईश्वर भी हमसे रूठ गया है।

जब अपने ही हमें तोड़ते हैं, तब न सुख बाँटने का मन करता है और न ही दुःख साझा करने के लिए कोई बचता है। यह कविता हमें जीवन की कठोर सच्चाइयों से रूबरू कराती है और सोचने पर मजबूर करती है कि क्या वास्तव में हम अपने भाग्य के अधीन हैं, या हमने ही इसे अपने हाथों से बिगाड़ दिया है।

द्रौपदी की हुंकार

चीर खिंचता रहा, सभा मौन थी,
शासन की चौखट भी बेजान थी;
पाँचों थे वीर, मगर हारे हुए,
द्रौपदी की लाज, हवा में थी।

पिछली दफ़ा गोविंद आ गए थे,
धागों को मोतियों सा बुन गए थे।
मगर इस बार ना कोई चमत्कार होगा,
बस राख़ में जलता अंगार होगा।

अब ना कोई श्याम चलेगा धरा पर,
ना कोई कृष्णा संभालेगा आकर।
तुम्हें ही हथेली पे आग रखनी है,
अबला से शक्ति में ढलना होगा।

जो सभा में सजी थी, वो तुम भी हो,
जो प्रश्नों में गूँजी थी, वो तुम भी हो,
जो आँधी बन कर उड़ी थी धरा पर,
वो शंखों की गर्जना भी तुम ही हो।

कलाई में अब ना कोई बंधन रहे,
ना मांग में सजता समर्पण रहे,
ना हाथ जोड़े, ना आस करें,
अब न्याय का रण खुद खड़ा करें।

ना आँखों में पानी, ना दिल में डर,
ना कोई मुखर, ना कोई कहर |
अब द्रौपदी की चीत्कार होगी,
हर हृदय में तलवार होगी।

अब क्रंदन नहीं, अब हुंकार होगी,
हर क़दम पर नई इक ललकार होगी,
जो भी सभाओं में ज़हर उगलेगा,
उसके ही रक्त से मशाल होगी।

अब कोई चीर पे हाथ न डाले,
अब कोई ज़ुल्म से रात न पाले,
अब धधकेंगे स्वर भी विरोध में,
अब ख़ामोशियाँ राख़ में ना ढलें।

ना आँसू गिरे, ना लाचारी रहे,
ना कोई दुशासन दुबारा बहे |
अब सभा की दीवारें भी कांपेंगी,
जब बेटियाँ खुद ही अंगार बनें।

अब जो यज्ञ जले, वो प्रतिशोध हो,
अब जो आह निकले, वो विद्रोह हो,
अब जो खड़ी हो, तो तूफ़ान हो,
अब कोई बेबस न हो, हर जुबान हो।

अब जो जलेगा, वो ईंधन न होगा,
अब जो सुलगेगा, वो क्रंदन न होगा,
अब जो उठेगी, वो अग्निपुत्री होगी,
जलाएगी, राख़ बनाएगी; द्रौपदी होगी।

अब द्रौपदी खुद रण रचेगी,
अब आग ही उसका आभूषण होगी,
अब शोलों से वो श्रृंगार करेगी,
अब जो बढ़ेगा, वो भस्म होगा |
अब कोई गोविंद नहीं आएगा,
अब द्रौपदी को ही महाभारत रचाना होगा।

सारांश

महाभारत में जब द्रौपदी का चीर हरण हो रहा था, तब पूरी सभा मौन थी। शासन की चौखट बेजान थी, और उसके पाँच वीर पति भी विवश थे। जब किसी ने साथ नहीं दिया, तब उसने गोविंद को पुकारा, और उन्होंने उसकी लाज बचाई। लेकिन सवाल यह है—क्या हर बार कोई गोविंद आएगा?

आज की हर लड़की, हर नारी, जो अन्याय सहती है, वही द्रौपदी है। लेकिन अब आस्था और विश्वास के सहारे बैठने का समय नहीं, बल्कि स्वयं रण रचने का समय है। समाज में बार-बार बेटियों के सम्मान को कुचला जाता है, और बार-बार हम किसी कृष्ण के आने की प्रतीक्षा करते हैं। लेकिन इस बार, द्रौपदी को खुद अपनी रक्षा करनी होगी।

अब कोई विवशता नहीं, अब कोई भीख नहीं। अब हर बेटी को कमजोरी से शक्ति में बदलना होगा। हमें अपने भीतर की अग्निपुत्री को जगाना होगा, ताकि जब भी कोई हाथ उठे, तो सुदर्शन चक्र की तरह उसका विनाश कर सके।

अगर माँ पार्वती कोमल थीं, लेकिन समय आने पर काली बनीं, तो फिर हम क्यों न अपने भीतर की काली को जागृत करें?

अब सवाल यह है—

> *"अगर फिर से कोई सभा सजे, अगर फिर से कोई हाथ उठे... तो क्या तुम चुप रहोगी, या इस बार खुद महाभारत रचोगी?"*

थमी हुई उड़ान

सूरज बनाना चाहते हैं, पर दीपक सा जलाते हैं,
पंखों को सहलाते हैं, पर आंधी में उड़ाते हैं।
बूंदें गिरती हैं, पर समंदर भरना है,
आकाश छूने का ख्वाब है, मगर जमीं पर मरना है।

हर सुबह सवालों की आंधी लाती है,
रातें डर के साये में करवटें बदल जाती हैं।
कदम-कदम पर कसौटी की रेखाएं खिंची हैं,
सपनों की ज़मीन पर बंदिशें ही लिखी हैं।

पुकारता है मन, मगर आवाज़ दब जाती है,
हर खुशी उनकी उम्मीदों में सिमट जाती है।
इंसान नहीं, जैसे तराजू का एक पलड़ा हूं,
जहां संतुलन बिगड़ा, वहीं खाली खड़ा हूं।

आंखों में नींद है, पर चैन कहीं नहीं,
हर जीत के पीछे हार का दर्द वहीं।
दिल धड़कता है, पर सिसकियों का गीत गाता है,
यह बोझ जो अदृश्य है, हर पल लहूलुहान कर जाता है।

एक दिन ये पंख टूट जाएंगे,
उड़ान के सारे नक्शे छूट जाएंगे।
तब भी शायद पूछेंगे, "क्यों रुके?"

जैसे बोझ ढोने को ही हम जनमे।

हर ख्वाब को कांटों का सेहरा पहनाया गया,
चाहतों को सिक्कों के तराजू में तौल दिया गया।
ज़मीन तो दी, मगर जड़ें काट दीं,
आकाश दिखाया, पर सांसें बांध दीं।

आंखों की चमक अब धुंधला गई है,
खुशियों की परछाईं कहीं गुम हो गई है।
जो रास्ते फूलों से भरे होने थे,
वो अब पत्थरों से लदे हुए रोने लगे हैं।

शब्द नहीं, ये सांसें पुकार रही हैं,
हर धड़कन बोझ का हिसाब मांग रही है।
सूरज की किरणों में जलन सी होती है,
जो रोशनी थी, अब राख में खोती है।

एक दिन ये सिसकियां भी खामोश होंगी,
उम्मीदों के परचम भी राख में रो लेंगी।
फिर शायद कोई कहेगा, "तुमने कोशिश कम की,"
जैसे हर हार बस हमारी ही गलती।

क्या कभी वो देखेंगे इस बोझ का रंग?
जो हर सपने के नीचे दफन है दबंग।
क्या कभी समझ पाएंगे दर्द की वो स्याही,
जो लिख रही है हर सांस की गवाही?

सारांश

यह कविता उन बच्चों की चुप्पी, दर्द और दबाव को आवाज़ देती है, जो माता-पिता की उम्मीदों तले अपनी पहचान खोने लगते हैं। अक्सर माता-पिता चाहते हैं कि उनके बच्चे हर क्षेत्र में अव्वल रहें, लेकिन वे यह भूल जाते हैं कि हर इंसान की सीमाएँ होती हैं। वे सफलता तो चाहते हैं, लेकिन रास्ते की चुनौतियों को नहीं समझते। वे चाहते हैं कि बच्चे उनका नाम रोशन करें, मगर वे खुद रोशनी बनने की कोशिश नहीं करते।

बच्चे सिर्फ उपलब्धियों की मशीन नहीं होते। जब दिन-रात मेहनत करने के बावजूद सराहना नहीं मिलती, जब सिर्फ नतीजों को तवज्जो दी जाती है, तब धीरे-धीरे उनका मनोबल टूटने लगता है। अगर किसी पौधे को सिर्फ फल देने के लिए पानी दिया जाए, मगर उसकी जड़ें मजबूत करने का प्रयास न किया जाए, तो वह ज्यादा दिन तक खड़ा नहीं रह सकता।

अब सवाल यह है—क्या आप चाहते हैं कि आपका बच्चा आपके सपनों को पूरा करने की दौड़ में इतना थक जाए कि वह जीना ही भूल जाए?

अधूरा सफर

सांसें रुक चुकी हैं,
उस रस्सी से फिर एक लाश झूल रही है।
शायद उसने भी कभी मेरी तरह सोचा होगा,
कि इस अंधेरे के पार कोई सवाल न होगा,
कि इस दुनिया से परे कोई उसे न टोकेगा, न रोकेगा।

दो पहर बीत चुके,
पर वो अब भी वैसी ही है—
बेजान आँखें अब भी खुली हैं,
होंठों की कोर पर नमी अब भी सजी है।

ना जाने कितनी चीखें उसने दबा दीं,
ना जाने कितने सपने उसने गँवा दिए।
काश वो देख पाती
क्या हुआ था उसके जाने के बाद,
काश वो देख पाती
कि ज़्यादा कुछ ना बदला था उसके जाने के बाद।

उसकी माँ की आँखों में अब भी सैलाब ठहरा हुआ है,
उसके बाबा की पलकों पर अब बस सूखा सहरा है।
उसके दोस्त अब भी इस यकीन से परे हैं,
कि उनका हँसता-खेलता यार
अब सिर्फ़ तस्वीरों में कैद है।

उसकी बहन अब भी उस ख़त को लेकर बैठी है,
जो शायद वो कभी पढ़ना नहीं चाहती थी।

बस कुछ बरस पहले, मैंने भी यही राह चुनी थी,
मगर तब से कुछ बदला नहीं, कुछ सुधरा नहीं।
मौत से पहले भी एक ज़िंदा लाश थी,
मौत के बाद भी शायद वही हूँ।

बस इक सवाल पूछना चाहती हूँ—
क्या मृत्यु दर्द का अंत है?
या बस एक नया मरहम, जो घावों को सुला देता है?
क्या मृत्यु सुख का संसार है?
या बस एक अंधेरी गली,
जहाँ उम्मीदें ही दफ़्न हो जाती हैं?

कल तक मैं जीने का कारण ढूँढती थी,
और कुछ ना मिलने पर
"जीना ही बेकार है" सोच लेती थी।
लेकिन,
मरने पर तो ना मुझे सुख मिला,
ना मेरे अपनों को।
तो क्या मृत्यु को चुनना सही था?

दीवारों में अब भी मेरी हँसी गूँजती है,
परछाइयों में मेरी उदासी घुलती है,
जहाँ कभी मेरी ज़िंदगी की धुन सुनाई देती थी,
आज वहीं वीरानी रोज़ सिसकती है।

काश, कोई मुझे पहले समझा पाता,
कि जिस दुनिया से भागकर मैंने खुद को मिटाया,
वो दुनिया आज भी वैसी ही चल रही है।
कि जहाँ मुझे लगा था, मेरा कोई नहीं,
वहाँ आज भी कई लोग मेरे जाने का दोष खुद पर लिए बैठे हैं।
आज भी कितने होंठ मेरे नाम पर सिले हैं,
कितने दिल मेरे जाने पर ख़ामोश पड़े हैं।

खुद को तो बचा न पाई,
पर तुम्हें यह समझा रही हूँ—
मौत से दर्द नहीं मरता,
वो बस एक अधूरी कहानी बनकर ठहर जाता है।

सारांश

अक्सर बच्चे यह मान लेते हैं कि आत्महत्या ही उनके दर्द और तकलीफों का अंत है। वे सोचते हैं कि इस समाज का बोझ उठाने से बेहतर है कि जीवन ही समाप्त कर दिया जाए। इस कविता में दो लोगों की कहानी है—एक जिसने आत्महत्या कर ली, और दूसरा जो पहले ही आत्महत्या कर चुका था और अब यह पूरी स्थिति बयान कर रहा है।

जो मर चुका है, वह समझा रहा है कि **मृत्यु कोई समाधान नहीं**। हमने सोचा कि दुनिया बदल जाएगी, लेकिन सच तो यह है कि दुनिया वैसी ही चलती रहती है। हमें शांति भी नहीं मिली, और हमारे अपनों को सिर्फ दर्द और पछतावा मिला।

जीवन एक सफर है, जिसमें उतार-चढ़ाव आते हैं। अगर एक रास्ता बंद हो जाए, तो दूसरा ढूँढते हैं, न कि सफर को ही खत्म कर देते हैं।

आत्महत्या किसी समस्या का हल नहीं, बल्कि एक अधूरी कहानी छोड़ जाने जैसा है। अगर समस्याएँ हैं, तो नए तरीके अपनाएँ, लड़ें, लेकिन खुद को खोने की गलती न करें।

जीवन जीने के हजारों कारण होते हैं, बस हमें उन्हें ढूँढना आना चाहिए।

माँ, मेरी क्या गलती थी?

माँ,
जा रही हूँ,
लौटकर आ जाऊँगी |
फिक्र न करना, बस छत्तीस घंटों की तो शिफ्ट है,
आख़िर अस्पताल पहुँचकर सुरक्षित ही रह जाऊँगी |

माँ,
पहुँच गयी अस्पताल,
अब कोई डर नहीं,
तू बेफिक्र रहना, तू अब सो जाना |

सवेरा हो गया था, बस सूरज उठा था,
उस माँ का मन तो अभी भी एक कॉल या संदेश के लिए ही तड़प रहा था |

माँ,
कैसे बताऊँ क्या हुआ कल था,
कैसे बताऊँ क्या - क्या न हुआ कल था
यह आवाज़ तुम्हारी जिंदा अभया की नहीं है,
यह आवाज़ तुम्हारी नन्ही डॉक्टर की और नहीं है |

माँ,
आख़िर गलती क्या थी मेरी?
मेरा उन दरिंदों का झूठ सबके सामने लाने की कोशिश करना ,

या छत्तीस घंटों की शिफ्ट कर थोड़ा सा आराम करना?
तुम्हें पता नहीं क्या किया उन्होंने मेरे साथ,
तुम्हें पता नहीं कैसे - कैसे तोड़ा उन्होंने मुझे |

चीखती रही मैं, चिल्लाती रही |
एक औरत को देख उम्मीद उठी,
पर फिर वह भी टूट गयी,
जब उसने भी हाथों में हथकड़ियां बांध दी,
जब उसने भी अपने आँखों में पट्टी बांध दी |

माँ,
दर्द हो रहा था मुझे, तेरी याद आ रही थी मुझे |
कोशिश की तुझे आँखों में बिठाने की,
तभी आँखों के झरोखों को तोड़कर आंसू नहीं, खून बहने लगे,
कोशिश किया तुझे पुकारने की,
तभी मुंह तोड़कर, आवाज़ नहीं खून बहने लगे |

माँ
मैं, तो एक डॉक्टर थी न,
मैंने तो सबकी ज़िंदगी बचायी थी,
पर फिर भी मेरी ज़िंदगी बच न पाई थी |
एक नहीं, दस थे वे,
अंजान नहीं, मेरे ही कैंपस के थे वे |
आखिरी सांसें भी चैन से लेने न दिया,
आख़िर शरीर के हर अंग को तोड़ - तोड़ कर रख दिया |

माँ,
इस बार तो कपड़े भी सही थे,
आखिर, सफ़ेद एप्रन ही तो पहना था,
इस बार तो जगह भी सही थी,
आखिर, अस्पताल में ही तो रहना था |

पता नहीं क्या गलती कर बैठी,
जो खुद की जान इस तरह खो बैठी |
इकतीस की ही तो थी तेरी बेटी,
आख़िर कितनी ज़िंदगी बाकी थी,
कितने सपने अधूरे थे |

शायद फिर कभी पूरी ज़िंदगी जी लेंगे,
शायद फिर कभी सुरक्षित रह लेंगे

कुछ दिन बाद तुम आज़ादी मनाओगी,
लेकिन माँ, मुझे कहाँ आज़ादी मिली थी?
कुछ महीनों तक तुम मेरे लिए रैलियाँ, प्रदर्शन, कैंडल मार्च करोगी,
लेकिन माँ, मुझे कहाँ न्याय मिलेगा?
माँ, मुझे थोड़ी अपनी ज़िंदगी वापस मिलेगी?

सुनहरी डोर

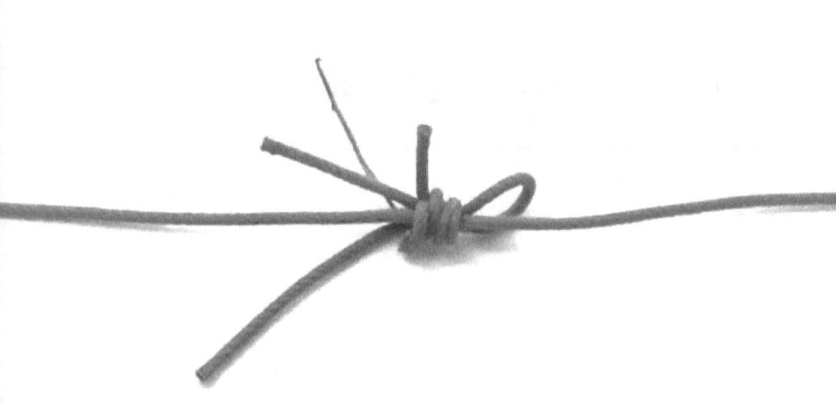

कोशिश तो करो

जीत हासिल करने की चाहत थी,
शायद कभी कोई गलती कर बैठी थी;
हार से ही जीत मिलती है सुना था,
तो फिर बार - बार हारना क्यूँ गुनाह था?

कोशिश तो सभी करते हैं,
फिर भी क्यों किस्मत पर ही विश्वास करते हैं;
आदर सम्मान तो सभी को ही दिया था,
पता नहीं फिर किसने बद्दुआ दे दी थी|

चाहे लोग कुछ भी कहे,
लेकिन तुम कभी मत बनना खुदगर्ज;
चाहे जीवन में कितने भी कष्ट हो,
लेकिन कभी मत समझना मुस्कान को अपना क़र्ज़;
लोग क्रोध में कुछ भी बोलें,
लेकिन तुम धैर्य रखना यही है मेरी तुमसे अर्ज़ |

लग सकता है तुम्हें ये बहुत मुश्किल,
लेकिन कोशिश करके तो देखो,
लगेगा तुम्हें ये सहज |

हिंदी - मेरी पहचान

हम सबको याद है, हिंदी दिवस आज है|
हिंदी का यह त्यौहार है, राजभाषा का उपहार है|
चौदह सितम्बर, उन्नीस सौ उनचास का वह दिन था,
जिस दिन हिंदी भाषा को राजभाषा का सम्मान मिला था|

संस्कृत भाषा से राजभाषा तक का सफर है हिंदी भाषा,
देवनागरी लिपि में लिखी जाने वाली हर भारतीय का अभिमान है हिंदी भाषा|

हिंदी ही गौरव, हिंदी ही मान,
हिंदी ही अपनेपन का भान|
हिंदी संस्कृति और धर्म है,
हिंदी ही उन्नति का मर्म है|

कबीर, दिनकर, मुंशी प्रेमचंद हैं हिंदी के कवि प्रसिद्ध,
इन्होंने ही किया है हिंदी के महत्व को सिद्ध|

मेरे ज्ञान की कश्ती मजधार में होने पर,
हिंदी भाषा ही मेरी नैया को पार लगाती है,
व्याकरण और साहित्य को सीखने की उम्मीद के साथ,
हिंदी भाषा ही मुझे प्रकांड विदुषी बनती है|

अंजानो को एक सूत्र में पिरोती है हिंदी भाषा,
आख़िर मेरे हर अरमान को साकार करने में योगदान देती है हिंदी भाषा |
हिंदी को प्राचीन कवियों ने नवीन रूप दिया है,
इसलिए हिंदी भाषा हमारी रग - रग में समाई है |

कुछ लोग पूछते हैं, कि आख़िर हिंदी ने मुझे क्या ही सिखाया है,
तो फिर आज हिंदी का मैं गौरव गान करती हूँ;
अ से अनुशासन, आ से आत्मविश्वास,
इ से इंसानियत और उ से उदारता
मैं हिंदी से ही तो सीखती हूँ|

हिंदी एक आम भाषा नहीं एक ऐसी बोली है,
जो बुलन्दी आसमानों में हमें उड़ने की क्षमता देती है;
हमें लक्ष्य प्राप्त करने का हौसला भी देती है |

हमें यह दिन फिर से ज़रूर याद आएगा,
हर हिंदुस्तानी हिंदी बोली ही जब दोहराएगा |
हमारी शान व मान बनेगी हिंदी,
हर हिंदुस्तानी की पहचान बनेगी हिंदी |

पूरे विश्व के हर एक कोने में गूंजेगी हिंदी भाषा,
हर एक फिरंगी के ज़ुबान पर रहेगी हिंदी भाषा |
एक दिन आएगा जब पूरे विश्व का गौरव बनेगी हिंदी भाषा,
अब बस उसी दिन की है आशा, जब हिंदी बनेगी पूरे विश्व की भाषा |

अनजान दोस्ती

तुम्हें याद है, उस पीपल के पेड़ के नीचे मिले थे हम;
तुम्हें याद है, एक अनजान सी पहचान के पीछे मिले थे हम;
तुम्हें शक था मुझ पर,
लेकिन फिर भी मेरा हक था तुझ पर।

पता नहीं कैसे अंजानों से गहरी दोस्ती हो गई,
पता नहीं कैसे इस अकेलेपन को एक सहारा मिल गया;
मुझे लगने लगा था कि मैं कहीं खो गई,
तभी तुम्हारे आने से मुझे खुशियों का एहसास हो गया।

लोग इतने सालों में जो नहीं दे पाए,
तुमने कुछ दिनों में ही दे दिया;
प्यार तो दूर की बात, किसी ने कदर भी न की,
पता नहीं कैसे तुमने हर कमी भर दी।

कोई एक बार तुम्हें ख़फ़ा करके तो देखे,
उसकी मौत का कारण बन जाएँगे हम;
कोई एक बार तुम्हें खुश करके तो देखे,
उसकी कामयाबी की मंज़िल बन जाएँगे हम।

तुम्हारे होने न होने से फर्क पड़ता है हमें,
तो तुम्हारे ख़फ़ा होने से क्या दर्द नहीं होगा हमें?
तुझे हँसता देख, दिल में सुरूर आता है,

तुझे अपना कह, मन में ग़ुरूर बढ़ता है।
तुम कहकर तो देखो, यह जहान तुम्हारे लिए ले आएंगे;
तुम कहकर तो देखो, इस कमबख़्त वक़्त को भी ठहरा देंगे।

चलो, वादा किया हमने तुमसे,
कि साथ नहीं छोड़ेंगे हम तुम्हारा;
चलो, विनती है हमें तुमसे,
कि हाथ नहीं छोड़ना तुम हमारा।

तुम इतने ज़रूरी हो गए हो मेरे लिए,
कि तुम्हारे बिना जीना बेकार है;
इतने प्यारे लगने लगे हो तुम हमें,
कि तुम्हारे लिए मौत की सज़ा भी हमें स्वीकार है।

यह दोस्ती बनी रहेगी हमेशा, ओ प्रिये,
क्योंकि अब तो लगने लगा है कि तुम्हारे बिना हम भला कैसे जिए!

बेनाम रिश्ता अनोखा किस्सा

वो कहते हैं न,
"ज़िंदगी और कुछ भी नहीं,
तेरी मेरी कहानी है।"
हमारे लिए ही कहते हैं।

यह बेनाम रिश्ता है,
लेकिन एक अनोखा किस्सा।
हमारी हसीन मुलाक़ात,
यह अनदेखी चाहत,
और कुछ बिन भेजे प्यार के खत।

इस खूबसूरत लम्हे को ठहर जाने को कहूँ,
या तुम्हें अपना बनाने के लिए दुनिया से लड़ जाऊं?
तू मेरा, मैं तेरी ;
किस्मत में यही है, बस तकदीर बदलनी बाकी है।

हर जन्म तुझे पाने की आशा करेंगे,
हर समय तेरी आहट से हम ज़रा ठिठक जायेंगे।
तू न मिले तो तेरे ही साथ के लिए तड़प जाएँगे।

मत सोचना, कि अगर कहते नहीं तो जताते नहीं ;
हक़ है मेरा तुझ पर,
छीनकर लेंगे।

इश्क़, मोहब्बत या सिर्फ दोस्ती है पता नहीं,
पर जैसे भी तुम्हें सिर्फ मेरा बनाकर रहेंगे |

तेरे ही साथ, पूरी ज़िंदगी बिताने का झूठा वादा, न करेंगे,
लेकिन तेरे इम्तिहान में, हमारी ज़रूरत पड़ने पर, हम बेझिझक तेरे ही साथ
अड़े रहेंगे |

तू है क़ीमत मेरे लिए,
जितनी की में हूँ तेरे लिए |
लफ़्ज़ों में बयाँ तो उनके लिए करते हैं,
जिन्हें पा नहीं सकते हैं ;
आपके लिए लिखें भी तो क्या लिखें,
आख़िर खुदा ने कोई ऐसा शब्द ही न बनाया,
जिस से हम अपनी महज़ बातों का ज़िक्र कर पाएं |

आख़िर में, यही कहेंगे की,
जब तक रहेगा आसमान में चाँद और सितारे,
तब तक रहूँगी में सिर्फ तेरी ;
यह वादा है हमारा,
कि अमर रहेगा,
यह तेरी-मेरी बेनाम रिश्ते की, अनोखे किस्से वाली डोरी |

मेरी कोहिनूर - मेरी माँ

पिछले पंद्रह सालों में एक ऐसे शख़्स ने संभाला मुझे,
कि उसी के आँचल में सुकून मिला था मुझे।
रातों में लोरियाँ सुनाकर सुलाती,
ख़ुद की इच्छाओं को नज़रअंदाज़ कर,
वो तो सिर्फ़ मेरे लिए मिन्नतें करती।

मेरी एक मुस्कान से ही ख़ुश हो जाती,
वो तो मेरे एक आँसू को भी बर्दाश्त न कर पाती।
सच में, पूरी दुनिया से मेरे लिए लड़ जाती,
एकदम अनमोल रत्न की तरह मुझे सँभाल कर रखती।

कैसे बताऊँ उसे, कि मेरे लिए कोहिनूर है वो,
तपती धूप में शीतल छाँव है वो।
मोती जैसी चमक तेरी आँखों में,
सागर जितना प्यार तेरे हृदय में।

तेरी मुस्कान,
जले पर मरहम की तरह।
तेरे ख़्वाब,
मेरे लिए मंज़िल की तरह।

तूने चलना सिखाया, हँसना-रोना सिखाया,
माँ,
तूने ही तो मुझे
ये ज़िंदगी जीना सिखाया।

तेरे बिना ये पल थम जाते,
तेरे संग तो ये रातें भी मुसकुराते।
तुम्हारे सारे अरमान पूरे करेंगे,
तुम्हारे लिए हम जी-जान से मेहनत करेंगे।

माँ,
वादा है ये मेरा,
कि इस बार तो हम तुम्हें निर्वाण तक का सुख देंगे,
कि इस बार तो हम सपनों के रंग तुम्हारी आँखों में भरेंगे।

पानी

कोई कहे, तो बस एक बूँद,
कोई माने, तो दरिया का जुनून।
मैं बहूँ, तो जीवन बन जाऊँ,
ठहरूँ, तो इक शीशा कहलाऊँ।

कभी लहरों सा बेसब्र,
कभी झरनों सा बेख़ौफ़,
कभी आँखों में आँसू बनकर ठहरूँ,
कभी समंदर के सीने में उतरूँ।

कोई मुझमें डूब कर जीता है,
कोई मुझसे लड़कर हारता है।
मैं बिन शक्ल का आईना हूँ,
हर रूप में खुद को निखारता हूँ।

कभी प्यास का मरहम,
कभी सैलाब की तलवार,
कभी ठंडी फुहार की सौगात,
कभी आग का भी आधार।

फिर भी मुझमें ही समाते हैं,
चिता की राख के कण-कण,
मुझमें ही विसर्जित होते हैं,
जिंदगी के बुझे हुए दीपक।

सबका पाप धोने वाला,
खुद जाने कितनी बार मैला हुआ,
निर्मल धार कहलाओ, पर बिन अपराध के,
हर युग में कलंक से खेला हुआ।

कभी धार में बहे गुनाह,
कभी माथे पर मोक्ष का तिलक,
मैंने सब कुछ सहा है सदियों से,
फिर भी मुझमें ही बसता है श्रद्धा का दीपक।

कोई संग मर्यादा तोड़ चला,
कोई संग हाथ धो गया,
कोई बना हरि ओम की लहर,
कोई कफ़न समर्पण हो गया।

मुझे छूओ, तो शीतल एहसास,
मुझे बाँधो, तो बिखर जाऊँ,
मैं मद्धिम बहूँ, तो जीवन दूँ,
मैं फूट पड़ूँ, तो डुबो जाऊँ।

मैंने ही जन्म को देखा,
मैंने ही मृत्यु को छुआ,
फिर भी मैं निष्पाप कहलाया,
फिर भी मैं पवित्र ही हुआ।

मैं आईना भी, मैं ही अंधेरा,
मैं निर्मल भी, और मैं ही सवेरा,
जो थाम ले मुझको, वो जीवन पाए,
जो बाँधना चाहे, वो खुद मिट जाए।

कभी आँखों में अंजलि भर,
कभी हथेली से फिसल गया,
जो थामा था संग जीवन भर,
वही हाथों से निकल गया।

कभी प्रेम सा गहरा, मगर ठहरा,
कभी विरह सा छलका, मगर कहरा,
छू लूँ तो मिट्टी को कर दूँ सुनहरा,
बिखरूँ तो संसार डुबो दूँ गहरा।

कभी आँखों में बूँद, तो कभी सैलाब,
कभी जीवन का स्रोत, तो कभी अज़ाब,
मैं बादल से गिरूँ, तो चमन मुस्कराए,
गर क्रोध में आऊँ, तो महल बह जाए।

कभी गंगाजल बन, हर पाप मिटाऊँ,
कभी अश्रु बनकर, वेदना बहाऊँ,
कभी घूँट में अमृत, कभी विष का प्याला,
कभी जीवन दायी, कभी महाकाल का ज्वाला।

कोई कहे, तो बस एक बूँद,
कोई माने, तो दरिया का जुनून।
मैं बहूँ, तो जीवन बन जाऊँ,
ठहरूँ, तो इक शीशा कहलाऊँ।

टूटा भ्रम

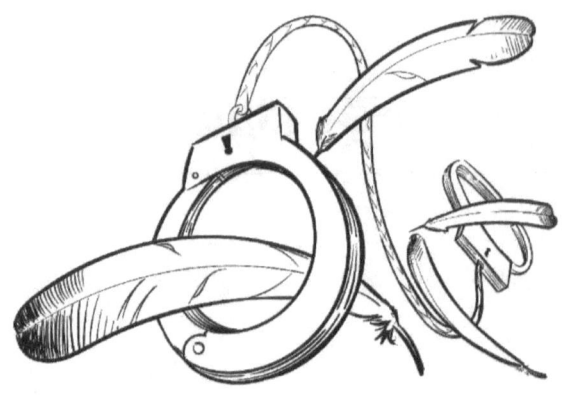

शायद

ज़ख्म भरना चाहते हो ?
शायद, गलत मरहम लगा रहे हो;
मुझे भूलना चाहते हो ?
शायद, गलत तरीका अपना रहे हो |

दर्द हो रहा है तुम्हें यह कह रहे हो,
शायद, दर्द पर ही वार किये जा रहे हो;
दर्द दिया हमने तुमको यह बता रहे हो,
शायद, अब भी उस दर्द को नहीं समझ रहे हो |

तुम हँसकर एक बार देख तो लो हमें,
शायद, हम इस असमान को तेरे लिए झुका देंगे;
तुम प्यार से एक बार पुकार तो लो हमें,
शायद, हम यह जहान छोड़कर तुम्हारे लिए,
हाँ, सिर्फ तुम्हारे, लिए दौड़ते वापस आ जाएँगे |

शायद, यह अब होगा, शायद यह आज होगा, शायद यह कल होगा,
इन्हीं ख्यालों के साथ हम आस लेकर बैठे हैं;
शायद, यह कभी हो जायेगा,
यही सोचकर हम तुम्हारे इंतज़ार में ऐंठे हैं |

तुम आओगे जब मिलने हमसे,
शायद, किसी और को भी इस बार लाओगे;
तुम आओगे जब कुछ बोलने हमसे,
शायद, इस बार नफ़रत ही जताने आओगे |

देखोगे तुम हमें फिर से,
शायद, नफरत के दौर से इस बार;
बताओगे तुम हमें फिर से,
शायद, कि दर्द दिए हैं हमने तुम्हें कितनी बार |

याद आएँगे हम तुम्हें फिर से,
शायद, याद आएँ भी न हम फिर से;
घुल जाओगे तुम कभी मेरे अंदर, और,
शायद, कभी मिट न पाओगे फिर से |

इश्क़ किया हमने तुमसे,
शायद, तुम्हें नहीं था वह हमसे;
माना दर्द दिया है हमने तुमको, लेकिन,
शायद, गलती नहीं हुई है हमसे |

माफ़ी माँगना चाह रहे हैं,
शायद बयाँ नहीं कर पा रहे हैं;
इश्क़ हुआ है सच्चे दिल से, हमें तुमसे,
यह बताना चाह रहे हैं,
शायद, फिर से कोई गलती करने जा रहे हैं |

उस चाँद ने कुछ पूछा था

उस चाँद ने मुझसे कल पूछा कि,
उस इंसान का क्या हुआ जिसके लिए मैं रोज़ उस चाँद को निहारती थी,
जिसके लिए मैं हर रोज़ अपनी खिड़की से हर सितारे में अपने आप को खोजती थी,
सिर्फ ताकि उस चाँद को यही सितारा नज़दीक से देख सके,
मैं हर रोज़ अपनी खिड़की से हर सितारे में अपने आप को खोजती थी |
अब कैसे में यह बताऊँ उस चाँद को कि,
अब वह इंसान और नहीं है मेरा,
की अब उस चाँद से उस इंसान को तोलना हक़ नहीं है मेरा |

अब तो वक़्त के साथ, हर बरसात के साथ,
मैंने भी आगे बढ़ना सीख लिया है,
लेकिन फिर भी उन सितारों से जब कुछ नहीं छिपता,
तो उन्हें यह तक पता है की,
मैं तो आगे बढ़ गए हैं लेकिन, मेरे कदम अब भी उसी दिशा में ठहर जाएँगे,
जहाँ हम वापस से उस इंसान के हो पाएँगे |

उस चाँद ने मुझसे आज पूछा कि, उस इंसान का क्या हुआ जिसके लिए मैंने चाँद से मुँह फेर दिया,
जिसके लिए मैंने खुद ही को कहीं दूर खो दिया,
अब क्या जवाब दूँ मैं उस चाँद को जब आख़िर मेरा उस इंसान से सारा नाता ही टूट गया |

ईश्वर से शिकायत

तेरी शिकायत लेकर ईश्वर के पास गए थे,
सोचा था इस बार सारे ग़मों के हिसाब करके रहेंगे।

दिल थामे,
हाथ जोड़े,
सर झुकाया दुआ माँगी।

लेकिन वापस,
उन मिन्नतों में भी तुम्हें ही माँग आए।

क्या करें, आख़िर नादान दिल है,
कैसे इतने आंसुओं के हिसाब करके तुम्हें गुनहगार बनाएगा !

जब-जब तू मुसकुरायेगा,
तब-तब उस आसमान में स्थित चाँद,
हमें अपनी ख़ुशी का राज़ पूछेगा।

तुम्हें भुलाने के लिए विधाता का रास्ता चुना है,
तेरी आँखों से एक कतरा भी आँसू की बूँद दिख जाए,
तो उस विधाता के दर पर हम वापस कभी न जाए।

गुस्ताखी माफ़

“माहौल पुराना है” फ़िज़ाओं ने कहा’,
गुस्ताखी माफ़ है, हमने दोबारा कहा;
अगर उनके प्यार में हमारा मदहोश रहना प्यार है,
तो उनकी निगाहों से कतराना भी तो इश्क़ का इक फ़साना है |

अगर यही प्यार है, तो कहानियों में हमने कौन - से किस्से सुने थे ?
अगर यही प्यार है, तो मेरी जान, हर ख़्वाब में हमने कौन - से सपने बुने थे ?
देख लिया, सुन लिया;
हाँ जी ! समझ भी लिए इस प्यार को,
अब पता नहीं, आख़िर प्यार हकीकत बनेगा कब |

आख़िर वादा ही तो था, मुकर गया;
नशा था, वह भी उतर गया;
आख़िर क्या करें जनाब,
वह इंसान था न, इसलिए बदल गया |

हम फिर तन्हा हैं, और सन्नाटे भी हमसे सवाल करने लगे हैं;
अगर तुमसे बात करूँ,
तो भर जाए ये आँख;
अगर तुम्हें देख भी लूँ,
तो अटक जाए ये साँस |

ख़्वाब

तुम्हें ख़्वाबों में लाती हूँ,
कुछ पल ख़्वाहिशें सजाती हूँ,
मगर जाने क्यों हर बार ख़ामोश हो जाती हूँ।
मिट्टी का बना था दिल तुम्हारा,
जिसमें एक रोज़ नाम था हमारा;
पर पहली ही बारिश में घुल गई मेरी पहचान,
और तुमने इल्ज़ाम बादलों पर लगा दिया,
जबकि सच्चाई बस इतनी थी,
कि मेरा नाम तुम्हारे दिल से कब का बहा दिया।

तेरी यादों के जुगनू जलते हैं हर रात,
पर सुबह होते ही वो राख बन जाते हैं;
जो चाँदनी कभी मेरी थी,
आज वो किसी और की बाहों में मुस्कराती है।

तुझे सपनों पर बसा कर,
अपने लबों पर लाना चाहती हूँ,
तेरी सूरत को साँसों में समाकर,
तेरी धड़कनों में कहीं खो जाना चाहती हूँ।

तेरी उन्हीं आँखों में आज भी मैं डूबती हूँ,
जिनमें कभी मेरा अक्स बसता था;
तेरी उन्हीं बातों में आज भी मैं खो जाती हूँ,
जो कभी मेरी तक़दीर लिखती थीं।

तेरी वही मुस्कान आज भी मेरा नशा है,
जिसे देख कोई ठहरता न था;
तेरी वही पहचान आज भी मेरा जहां है,
जिसे कभी कोई अपनाता न था।

आज भी समझाना चाहती हूँ तुम्हें मुश्किल से,
कि माफ़ भी कर दो न, तुम हमें दिल से।

इसी ख़्वाब को देखने के लिए हर रात आँखें मूँदती हूँ,
और अगर ये कभी पूरा न हो सका,
तो उस अनदेखी नींद में सो जाऊँगी,
जहाँ सिर्फ़ तुम रहोगे,
और मैं — हमेशा के लिए तुम्हारी हो जाऊँगी।

वादा

मैं अब और वो नहीं,
जिसे तूने चुना था;
मैं अब और वो नहीं,
जिससे तुमने अपना प्यार जताया था।

बात भी नहीं कर रही हूँ तुमसे,
फिर भी मेरे दिल में तुम्हारी आवाज़ बसी है;
देख भी नहीं रही हूँ तुम्हें,
फिर भी मेरे दिल में तुम्हारी तस्वीर छपी है।

बात यह नहीं कि चाहती नहीं हूँ मैं तुम्हें,
पर अधूरी कहानी जानकर हमें 'बेवफा' कहने का हक़ दिया था किसने तुम्हें?
अगर तुम गलती करो, तो वो बस एक नासमझी;
और अगर हम गलती करें, तो दर्द देने की नीयत हमारी?

तुम्हें आज किसी और के साथ देखने से,
लगता है जैसे तुम मुझसे छिन गए हो।
तुम कहते हो दर्द होता है तुम्हें,
फिर भी उन लोगों के संग मुसकुराते हो तुम;
मुझ पर क्या बीती, एक बार भी ना पूछ पाए तुम।

कोशिश तो करते,
शायद मिल जाती मैं, कहीं छिपी मेरे अंदर |
लेकिन खो गई हूँ अब मैं मुझमें,
अब और नहीं ढूँढ सकते हो तुम मुझे मुझसे।

अब खामोशी ही मेरी ज़ुबान है,
जिसमें बसी हैं वो सारी अधूरी सिसकियाँ,
जो कभी तुम्हारे लिए दुआ बनती थी,
और अब सिर्फ हवा में घुली बद्दुआ बन गई हैं।

मैं अब वही सूखा गुलाब हूँ,
जिसे तुमने कभी किताबों में संभाल कर रखा था,
लेकिन अब वो पन्नों के बीच दबकर मुरझा गया है,
जिसकी खुशबू भी तुम्हारी यादों में गुम हो गई है।

अब दर्द भी इक अजनबी सा लगता है,
जो हर रोज़ आता है मिलने, बिना बुलाए,
जिसे चाहकर भी न ठुकरा सकती हूँ,
और न अपना सकती हूँ।

वादा सिर्फ हमने नहीं,
तुमने भी किया था;
दर्द सिर्फ हमने नहीं,
तुमने भी दिया था;
फिर भी, गलत हमें ही ठहराया तुमने था।

सारांश

यह कविता प्रेम, गलतफहमी और अधूरे रिश्तों के दर्द को दर्शाती है। इसका मुख्य संदेश यह है कि जब कोई रिश्ता टूटता है, तो केवल एक पक्ष जिम्मेदार नहीं होता—गलतियाँ दोनों से होती हैं, लेकिन कभी-कभी एक व्यक्ति को ही दोषी ठहरा दिया जाता है, बिना उसकी भावनाओं को समझे।

कविता यह सिखाती है कि जब कोई अपना दूर चला जाता है, तो सिर्फ यादें ही नहीं रह जातीं, बल्कि आत्मसम्मान और विश्वास भी प्रभावित होते हैं। जब वही इंसान, जिसने कभी साथ रहने का वादा किया था, किसी और के साथ मुसकुराते हुए दिखता है, तो यह दर्द और भी बढ़ जाता है।

अंत में, यह कविता अहसास कराती है कि कभी-कभी इंसान खुद को ही खो देता है, और फिर कोई भी उसे वापस नहीं पा सकता। यह अधूरे वादों और खोए हुए रिश्तों की मार्मिक अभिव्यक्ति है, जो पाठकों को यह सोचने पर मजबूर कर देती है कि प्रेम केवल पाना नहीं, बल्कि समझना और निभाना भी होता है।

तेरी मीठी बातें

सुबह उठते ही तुम्हारे बारे में सोचती हूँ,
रात को नींद न आने तक तुम्हारे बारे में सोचती हूँ;
पता नहीं क्यों,
सपने में भी आ जाते हो तुम;
पता नहीं क्यों,
हर अपने में भी दिख जाते हो तुम।

पहली बार चाँद को तुझे निहारते हुए देखा,
पहली बार अल्लाह ने तेरा नाम मेरे मुँह से पुकारते हुए सुना;
उन्हें यकीन था कि मैंने किसी सही को ही चुना,
तो फिर तेरे प्यार में फना होना क्यों है गुनाह?

तेरी हँसी से तो कलियाँ भी महक उठें,
तेरी आहट से तो सागर भी बहक उठें;
तेरी खामोशी में भी साज़ बजते हैं,
तेरी नज़रों से कई दिल दहक उठें।

अरे, तेरी आँखों से तो सूरज भी पिघल जाए;
तेरी मीठी बातों से तो चीनी भी शर्मा जाए।
तेरी नफ़रत में भी मुझे प्यार दिखता है,
और तेरे प्यार में तो मुझे अमृत मिलता है।

हवा के झोंकों सा, नाज़ुक है तुम्हारा हाथ,
ईश्वर के वरदान सा, अमूल्य है तुम्हारा साथ;
इन हाथों को उन हाथों से मिलाना चाहती हूँ,
इन होंठों को उन होंठों में छिपाना चाहती हूँ।

तेरी जुदाई में भी साए तेरा नाम लेते हैं,
तेरे लौटने की दुआ में भी अश्कों के दीप जलते हैं;
तेरी यादों की गलियों में खो जाना चाहती हूँ,
तेरी बाहों के शहर में बस जाना चाहती हूँ।

ज़िंदगी के हर हसीन पल के साथ दर्दनाक पल भी,
तुम्हारे साथ बिताना चाहती हूँ;
सच कहूँ तो, मेरी पूरी ज़िंदगी,
तुम्हारे ही नाम कर देना चाहती हूँ।

मौत से भी ज़ख़्मी

कहते थे तुम,
कि पढ़ लेते हो तुम हमारी आँखों को;
चाहते थे तुम,
कि पास आऊँ मैं तुम्हारे,
पार कर हर मुश्किल धोखों को।

जिस भी दिन तुम्हें याद करती हूँ,
हर वो दिन, वो मौसम लौट आता है,
जिस दिन तुमने इकरार किया था;
उस दिन का हर इशारा,
वापस इन आँखों में बिखर जाता है।

गुलाब की फूल की तरह,
सोचा था तुमने मुझे,
लेकिन उन काँटों की टीस भुला बैठे तुम;
आज उन काँटों के दर्द की तरह,
याद करते हो तुम मुझे,
इसलिए अब वो गुलाब भी जला बैठे तुम।

आज भी तुम्हारा नाम पुकारने से,
वैसा ही एहसास होता है,
जैसे तुम्हारे प्यार में साँसें बहकी थीं;
आज भी मेरा नाम पुकारने पर,

तुम्हें वैसा ही एहसास होता है,
जैसे जख्मों की टीसें महकी थीं।

विष से भी कड़वी,
लगने लगी हूँ मैं तुम्हें,
मौत से भी ज़ख़्मी,
लगने लगी हूँ मैं तुम्हें।

जिस्म से छूटा था जब तेरा नाम,
आत्मा पर जलते निशान छोड़ गया;
धुआँ बन उड़ा हर एहसास मेरा,
तू राख की ज़ंजीर बाँध छोड़ गया।

सूरज सा चमका था एक रोज़ तू,
फिर ग्रहण बनकर साया छोड़ गया;
चमकता तारा समझा था मैंने,
पर तू अंधेरे की परछाई छोड़ गया।

अब अगर देखूँ आईने में खुद को,
चेहरा भी अपना बेगाना लगे;
जिसे चाहा था जान से ज्यादा,
वो ही अब अजनबी सा लगने लगे।

नफरत की स्याह

डर लगने लगा है मुझे,
तुम्हारी उन आँखों से;
जिज्ञासा मन में उठती है मेरी,
कि क्या मिल रहा है तुम्हें इस जुदाई से?
क्या मिल रहा है तुम्हें इस दर्द से?

अपनाना भी नहीं चाहते,
भूलना भी नहीं चाहते;
कौन हैं हम तुम्हारे?
कौन थे हम तुम्हारे?

हम क्यों सवाल-जवाब करें,
जब तुम यूँ ही ख़ामोश रहो,
हम क्यों तुम्हें निहारते रहें,
जब तुम यूँ ही निगाहें फेरते रहो।

तलब है ये मेरी तुम्हें वापस पाने की,
ग़लत को सही करने की |
उन आँखों में आज भी तुम्हारा दर्द दिखता है,
शायद इसलिए तुम्हारे दिल में मेरे लिए प्यार छिप जाता है।

ख़ामोश रहने की आदत हमने तुमसे सीखी,
प्यार करने का तरीका हमने तुमसे सीखा।
तुम्हारे प्यार की वो चमक,
शायद सूर्य को भी फीका कर दे;
तुम्हारी नफ़रत की वह तिमिर,
शायद इस दुनिया को भी स्याह कर दे।

चुप्पियों की इन दीवारों में,
गूँजते हैं कुछ भूले अल्फ़ाज़;
तुम्हारे जाने के बाद भी,
तुमसे जुड़ी हैं मेरी आवाज़।

बचपन सा मासूम था जो रिश्ता,
कैसे सियाही में डूब गया?
तुम्हारे नफ़रत के एक लम्हे में,
सारा अतीत क्यूँ टूट गया?

अब भी मेरे ख़्वाबों में,
तेरा कोई पैग़ाम आ जाता है;
दर्द की स्याही से लिपटा हुआ,
हर अल्फ़ाज़ मेरा बन जाता है।

तू चाहे तो ख़त्म कर दे,
हर निशानी, हर पहचान मेरी;
पर अंधेरे में भी जलेगी,
तेरी यादों की मशाल मेरी।

सारांश

यह कविता प्यार, जुदाई, और नफ़रत के बीच के जटिल भावनात्मक संघर्ष को दर्शाती है। इसका मुख्य संदेश यह है कि प्यार और नफ़रत एक ही सिक्के के दो पहलू हैं—जहाँ कभी प्यार था, वहीं नफ़रत की काली छाया भी पड़ सकती है।

कविता यह दिखाती है कि जब कोई अपना दूर चला जाता है, तो सिर्फ उसकी यादें नहीं रह जातीं, बल्कि सवाल भी उठते हैं—क्या यह दूरी सच में जरूरी थी? क्या दर्द में कोई सुकून छिपा है? यह अहसास कराती है कि कभी-कभी इंसान अपनाना भी नहीं चाहता और भूलना भी नहीं चाहता, जिससे रिश्ते अधूरे रह जाते हैं।

इसके अलावा, यह कविता उन यादों और भावनाओं को भी दर्शाती है जो समय के साथ मिटती नहीं, बल्कि ख़ामोशी में भी गूँजती रहती हैं।

यह हमें यह सोचने पर मजबूर करती है कि सच्चा प्यार भले ही अलग हो जाए, लेकिन वह कभी पूरी तरह ख़त्म नहीं होता—वह नफ़रत की स्याही में भी अपनी चमक बनाए रखता है।

मुँह मोड़ देते हो

यूँ ही क्यों अँखियाँ फेरते हो,
आज भी मुझे देखकर तुम,
फिर से मुँह मोड़ देते हो।

आज भी अगर दो राहों पर मिल जाएँ,
तो तुम अपनी राह बदल देते हो;
हम ख़्वाहिश करते हैं,
कि हम फिर से एक हो जाएँ,
और तुम फिर से मुँह मोड़ देते हो।

कभी किसी को न बताने वाले राज़ की तरह,
अब भी मेरे ज़हन में बसे हो तुम;
मैं हर बार नाम लेना चाहती हूँ तुम्हारा,
और तुम हर बार,
हवा के झोंके की तरह गुजर जाते हो।

छत पर खड़े होकर चाँद से पूछती हूँ,
क्या वो अब भी तुम्हारे शहर से झांकता है?
क्या मेरी तरह वो भी तुम्हें देखता है?
पर हर जवाब से पहले,
तुम फिर से मुँह मोड़ लेते हो।

कभी अजनबी बन कर मिलते हो,
कभी पुरानी यादों की तरह छलक जाते हो;
मैं जितना तुम्हें भूलने की कोशिश करूँ,
तुम उतना ही किसी बहाने से लौट आते हो।

आज भी मुझे देखकर,
तुम वैसे ही मुसकुरा देते हो;
शायद नफ़रत के कारण,
उस मुस्कान को कहीं फिर से छिपा देते हो।
मेरा तुम्हें यूँ ही निहारते रहना देख,
तुम फिर से मुँह मोड़ देते हो।

क्या आँखें तुम्हारी मुझे ढूँढ़ती नहीं,
या रूह तुम्हारी मुझे चाहती नहीं?
इतने सारे सवाल मैं पूछना चाहती हूँ तुमसे,
और यह जानते ही,
तुम फिर से मुँह मोड़ देते हो।

विश्वास के साथ कह सकती हूँ,
कि मरते दम तक याद रखोगे तुम मुझे;
या तो अच्छे की तरह, या तो बुरे की तरह,
लेकिन स्मरण ज़रूर करोगे तुम मुझे।
इन सभी बातों का यक़ीन दिलाना चाहती हूँ,
लेकिन क्या करें,
आख़िर तुम जो फिर से मुँह मोड़ देते हो।

नियति या कर्म

सुबह की नींद में खोए हो तुम,
रात के ख़्वाब में सोए हो तुम;
वक़्त को थम जाने को कहा,
ऐसा लगा जैसे धर्म को अधर्म कहा |

कुछ सवाल पूछना चाहा था,
पर उत्तर न मिल पाया था,
मन में ख़ौफ़ सा बैठ गया है,
लेकिन दिल अभी भी वहीं अटका हुआ है |

आज भी हमें यह पता है,
कि तुम वो नहीं, जिसे हमने चाहा था;
लेकिन आज भी दिल खफा है मुझसे,
शायद इसलिए सच पर झूठ का पर्दा डला है |

कैसे बयां करूँ ये लफ़्ज़,
जिसे अनकही में रखना चाहती हूँ;
कैसे बढ़ाऊं क़दम उस दिशा में,
जिसे दुर्गम मैं मानती हूँ |

क्या दु:ख का अधिकार भी नियति है,
या सुख का अधिकार कर्म की गति कहलाता है;
कौन मेरे सवालों का जवाब देगा ?
कौन मुझे मुझसे ढूंढ निकालेगा ?

क्या सही है, क्या ग़लत है,
यह भी पता नहीं चल रहा है |
क्या मेरा यूँ ही ख़ामोश रहना धर्म है,
यह भी पता नहीं चल रहा है |

धोका

तुझे क्यों था दिया हमने धोखा?
आज चाहकर भी नहीं पार हो पाती यह प्यार की नौका |
बेवफ़ाओं के शहर में बड़े हुए हैं,
इसलिए तुम्हारे दिल के साथ खेलने लगे हैं।

चलो, फिर भी गलती मानी तो थी हमने,
लेकिन क्या फिर से हमें अपनाया भी था तुमने?
सच्चा प्यार करते हो कहकर फिरते रहे तुम,
उस प्यार को लेकिन पाने के लिए लड़ते रहे हम।

प्यार जताने के नाम पर सहानुभूति देते रहे,
वास्तविक रूप से देखने पर,
प्यार के बदले तुम ही हमें धोखा देते रहे।
खुद को ही मानते रह गए तुम 'सत्यप्रिय',
इसलिए मेरी आँखों में तुम्हें ज़रा भी प्यार नहीं दिख पाया, प्राणप्रिय!

तुम्हारे लिए बहुत कुछ सबसे था हमने सुना,
फिर भी कहते रहे तुम,
कि तुम्हारा दर्द था हमसे कई गुना।

मेरी एक गलती के कारण तूने बहुत लोगों से प्यार जताया,
क्या तेरे सच्चे प्यार ने तुझे एक बार भी वफ़ादारी करना न सिखाया?
तो फिर तुझे कैसे दिया हमने धोखा?

सारांश

क्या वास्तव में धोखा हमेशा वही देता है, जिस पर आरोप लगता है? कई बार, असली गुनहगार इतनी चालाकी से खेलता है कि दोषी खुद को ठगा गया व्यक्ति ही मान बैठता है। यह कविता प्रेम, विश्वास और छल की इसी जटिलता को उजागर करती है।

कविता यह भी दिखाती है कि कैसे प्रेम में ठगे जाने के बाद भी व्यक्ति खुद को ही गलत समझता है। जब किसी पर आँख मूँदकर भरोसा किया जाए और वही हमें तोड़ दे, तो हम खुद पर संदेह करने लगते हैं। परंतु सच्चाई को देखने के बाद एहसास होता है कि असल में दोषी वही था जिसने प्रेम का दिखावा किया।

कवयित्री की पहली पंक्ति "तुझे क्यों था दिया हमने धोखा?" आत्म-दोष को दर्शाती है, जबकि अंतिम पंक्ति "तो फिर तुझे कैसे दिया हमने धोखा?" एक कटु सत्य को उजागर करती है—धोखा देने वाला दूसरा था, पर हमें इस तरह छोड़ा गया कि हम खुद को दोषी मान बैठे।

अनकही दास्ताँ

कैसे कहूँ ये अनकही दास्ताँ,
क्या है ये तेरा-मेरा वाला वास्ता?
इन बारिश की फ़िज़ाओं में ढूँढा था मैंने तुझे,
ओस की बूँदों में पाया था तूने मुझे।

सात जनम क्या, तीन दिन भी नहीं रह पाए,
अगर अपनाना ही न था,
तो मुझे अपनी दुनिया में क्यों थे लाए?
प्यार के उस ताबीज़ में छुपाकर रखा था मैंने तुझको,
प्यार की उसी साज़िश में घोलकर पिया था तुमने मुझको।

तेरी आँखों में जो चाँदनी दिखी थी,
शायद वो किसी और सुबह की थी।
मैं अंधेरों की आदत डालती रही,
और तू उजालों में बंटता रहा।

दो दिलों को एक करने की ख्वाहिश थी तेरी,
एक ही जिस्म की एक ही जान बनने की चाह थी मेरी;
आज भी कुछ फ़र्क़ नज़र नहीं आता हमें उस इश्क़ में,
बस तुझे खेलना था, और मुझे निभाना था।

तेरी मोहब्बत किसी इत्र की तरह थी,
जो चंद लम्हों में उड़ जाती है,
और मेरा इश्क़ उस धूप सा था,
जो खुद जलकर भी रौशनी कर जाता है।

तेरे खफा होने के कारण,
कई बार सवाल किए थे,
मैंने अपने कान्हा से;
पर मेरी दुआओं में जो नाम था,
तेरी ज़ुबान से वही बेनाम हो गया।

अब जब भी आईना देखती हूँ,
सवाल मेरी आँखों में होते हैं,
जवाब उसके भी पास नहीं होते |
शायद तुझे पाकर भी मैं कहीं खो गई,
और तुझे खोकर भी तेरा हिस्सा रह गई।

तूने मेरी मोहब्बत को मुकाम तो न दिया,
पर मेरी रूह को बेनाम कर गया।

पिया

तुम्हें यह जानने का हक़ है ज़रूर,
कि मेरा प्यार तुम्हारे लिए, है उस चाँद का गुरूर।
तुम्हारे लबों पे एक बार ही सही,
लेकिन मेरा नाम पुकारना देता है मुझे सुरूर।

दिल चाहता था तुम्हें उस अँधेरे की तरह,
लेकिन मिले भी तुम तो उस रोशनी की तरह।
हुई तो थी एक नई शुरुआत,
लेकिन उन आँखों की नींद में चुभने लगे तुम।

माँगा था तुम्हें उस अंधकार की तरह,
जो छुपा देती थी सारे ग़म को,
सुकून देती थी इस दिल को।

तुम्हारे प्यार में हो गए हैं हम गुम,
तुम्हारे प्यार में ही इसलिए खो गए हैं हम।

तूने ऐसा क्यों किया,
क्यूँ मेरे दिल को ठुकराया पिया;
अवध नरेश के कहने पर सिया ने अग्नि परीक्षा था दिया,
लेकिन क्या फिर भी उन्होंने, उन्हें दुनिया के सामने स्वीकार था किया ?

रूह मेरी अब भी लिपटी है तेरी परछाई से,
ख़्वाब बुनती है मगर टूटती है तनहाई से।
तू तो गया, पर मेरी धड़कन वहीं रह गई,
तेरी चाहत में ही शायद मेरी हस्ती बह गई।

सांसें मेरी अब भी उलझी हैं तेरे नाम में,
दिल ढूंढता है तुझे हर शाम के अंधियारे अंजाम में।

कुछ बेरंग क़िस्से

खो गए हम कहाँ-

करोड़ों की भीड़ में आज लापता होने का सोचा,
कुछ खोए हुए लोगों के साथ भटकने का सोचा,
आख़िर भीड़ थी करोड़ों की, इसलिए भटके-खोए हुए लोग भी मिले लाखों में,
हालात भी कुछ ऐसे थे कि उनके खोने का कारण, मिल गया हमें हज़ारों में |

एक शख़्स से पूछा जाकर कि क्यूँ है वह खोया यहाँ
तो वह हँसकर कहता है, " यही है मेरा पागलपन, यही है मेरी चाहत",
वह खोया हुआ रहना चाहता था उम्रभर,
लोग उसे दीवाना या सपनों का सौदागर कहते होंगे;
लेकिन हमारे लिए तो वह एक इश्क़ करने वाला ही था |

दूसरे शख़्स से मुलाकात हुई, तो मैंने अपना प्रश्न दोहराया,
तो उस इंसान ने मुँह लटकाकर, आँखों में नमी भरकर और होंठों को प्यासा कर कहा कि,
वह भटक गया है,
भटका है वह कुछ ऐसे कि अब और पीछे मुड़ना नहीं चाहता ;
और कभी आगे बढ़ भी न पता ;
लोग उसे कायर या भयग्रस्त कहते होंगे,
लेकिन हमारे लिए तो वह एक बिछड़ा किशोर ही था |

तीसरे शख़्स से मिली, वापस प्रश्न को दोहराया,
लेकिन इस बार उस इंसान के चेहरे पर कोई व्यंजक न पाया था;
लग तो रहा था कि कोई आवारा ही होगा,
लेकिन पास जाकर देखा, तो पता चला — वह आईना था |

दूसरों के बारे में जानकर उनके लिए कुछ सोचकर अच्छा करने की आदत
अब लत बन चुकी थी,
हाँ, मैं भी अब भटकते - भटकते खो गयी थी,
आईने में खुद को ही पहचान न पा रही थी |

अचानक सभी को भीड़ में जानने लगी,
पर फिर भी सभी को अनजान सी मिलने लगी |
बहुत शोर था चारों ओर,
पर मैं सुन्न हो गयी थी |
मुझे कोई आवाज़ समझ आ रही थी,
कोई अपना नहीं लग रहा था |

अब तो ऐसी खोयी हूँ इस भीड़ में कि सभी का हाथ व साथ खो दिया,
बस कुछ लोगों की आवाज़ सुनने को तरस गयी हूँ |
बहुत साल हो गए इस भीड़ में खोए हुए रहते;
हाँ यह भीड़ ज़िंदगी है |
जिसे मैंने ही आरंभ में चुना था,
और अब बस
पछतावा है कि मौत भी शीघ्र आयेगी नहीं |

सारांश

इस कविता में कवयित्री भीड़ में गुम हो चुके लोगों की कहानियाँ बयां करती हैं—कोई प्रेम में खोया है, कोई हालातों से हारकर भटक रहा है, तो कोई खुद से ही अजनबी हो गया है।

"दूसरों के बारे में जानकर उनके लिए कुछ सोचकर अच्छा करने की आदत अब लत बन चुकी थी, हाँ, मैं भी अब भटकते-भटकते खो गई थी, आईने में खुद को ही पहचान न पा रही थी।"

हम अक्सर दूसरों की तकलीफें समझने में इतने मग्न हो जाते हैं कि खुद को ही भूल बैठते हैं। इस जहाँ में इश्क़ करने वाले को 'दीवाना', ज़िंदगी से निराश व्यक्ति को 'कायर' कहते हैं, और तीसरा शख्स हम खुद होते हैं, जो दूसरों के लिए जीते-जीते खुद को खो देते हैं।

यह कविता आत्मखोज और आत्मविस्मृति के संघर्ष को दर्शाती है, जहाँ समाज का शोर हमें भीतर से ख़ामोश कर देता है, और जब अपनी गुमशुदगी का एहसास होता है, तब तक बहुत देर हो चुकी होती है।

तू बस खुश रहना

तू खुश है न?
बस यही जानना काफी है।
तू चाहे मुझे पराया कह दे,
चाहे बेरुख़ी से मुँह मोड़ ले,
चाहे मेरी हस्ती को अपनी यादों से मिटा दे;
लेकिन अगर तू खुश है,
तो मेरे लिए काफी है |

तू किसी और के साथ रह ले,
या मुझे अपना कहने से भी इंकार कर दे,
मुझे कोई शिकवा नहीं होगी;
बस एक बार बता देना,
कि तू खुश है न?

तेरी आँखों में एक भी आँसू हो,
तो लगे जैसे समंदर में आग लग गई हो।
तेरे चेहरे से एक पल के लिए भी मुस्कान ग़ायब हो,
तो लगे जैसे सूरज ने उजाला देना छोड़ दिया हो।
मेरी आँखों से चाहे कितनी ही नदियाँ बह जाएँ,
मगर तुझे उदास देखना,
ये तो जैसे सांसों को रोक देने जैसा होगा।

अगर तू खुश है,
तो बस ऐसे ही खिलखिलाते रहना,
चाहे मेरे साथ हो,
या किसी और की बाहों में।
पर ख़ुद को तकलीफ़ मत देना,
कोई दर्द मत सहना।
अगर कोई दर्द हो, तो मुझे लौटा देना,
तेरे हिस्से की सारी मायूसियाँ मेरे नाम कर देना।

और अगर तू खुश नहीं है,
तो याद रखना, तू अकेला नहीं है।
घबराना मत कभी, बस वापस आ जाना |
कभी अफ़सोस न दिखाएँगे,
बस थोड़ा सा अपना हक़ जताएंगे;
बिन कोई सवाल, बिन कोई शिकवा,
बस अपनी जगह पर, तेरा इंतज़ार करते रहेंगे

तेरा हँसना मेरे लिए ज़िंदगी की सबसे प्यारी सिम्फनी है,
तेरी ख़ुशी मेरा सबसे अज़ीज़ ख्वाब।
तू जहाँ भी रहे, जैसे भी रहे,
बस मुस्कुराता रहे,
क्योंकि मेरे लिए इतना ही काफ़ी है।

अगर तेरी हँसी के लिए मुझे दुनिया छोड़नी पड़े,
तो भी हँसते-हँसते चली जाऊँगी
अगर तेरे आँसुओं को मेरी रूह खरीद सकती है,
तो मैं अपनी साँसें गिरवी रख दूँगी।।
बस तू खुश रहना,
क्योंकि मेरे लिए काफी है।

यशोदा - ए - बादल

आज रात चाँद से बातें हो रही थीं,
नज़रें उठीं तो बादल स्याह दिखे;
कोई पीड़ा थी, कोई कसक थी,
शायद कोई बीती बात छुपी थी।

जाकर पूछा तो रुँधे शब्दों में बोले,
"मैं भी कभी उजला था, निर्मल था,
मगर आज मैं बरस रहा हूँ, घुल रहा हूँ,
किसी अपने को खोने का अफ़सोस लिए खड़ा हूँ।"

चाँद से पूछा तो वह मंद मुस्कराया,
बोला, "वो तारा तो इसका न था,
शायद वो खुद किसी का न था।"

पर, फिर भी यह बादल क्यों रोया?
जिसे जाना नहीं, जिसे पाया नहीं,
जिसका स्पर्श तक कभी हुआ नहीं,
उसके लिए यह क्यों बेहिसाब बहा?

हमने उसे प्रश्नों में जकड़ लिया,
बोले, "जो तुम्हारा कभी था ही नहीं,
जिसे तुमने कभी पुकारा नहीं;
उसके लिए तुमने अम्बर क्यों ढका?

क्यों दूसरों की चाँदनी छीन ली?
क्यों सितारों की चमक को फीका किया?"

अम्बर भी सुन रहा था, चुपचाप खड़ा था,
जिसने हज़ारों तारे पाले थे।
मगर कभी उनकी टूटी चमक पर शोक न किया था,
कभी उनकी छूटती रोशनी पर काला न हुआ था।
फिर क्यों यह बादल यूँ आँसू बन गया?
क्यों यह किसी अनजान पर ऐसा मेहरबान हुआ?

पर क्या दर्द सिर्फ अपनों के लिए होता है?
क्या करुण केवल पहचान माँगता है?
क्या प्रेम सिर्फ़ रक्त की भाषा समझता है?
या फिर हर वो हृदय जो स्पंदन कर सकता है,
वह संवेदना का दीप जला सकता है?

अगर यह बादल यशोदा नहीं, तो और क्या है?
जिसका कोई रक्त बंधन न था, फिर भी ममता का बादल बन गई।
अगर यह ईश्वर नहीं, तो फिर कौन है?
जो परायों को भी अपनी गोदी में सुला गया।

कहता है यह स्याह बादल, "चाहे तुझे कोई अपनाए या न अपनाए,
तेरी चमक में कोई तारा बसे या न बसे,
पर जब भी तू गिरेगा, जब भी तू टूटेगा,
मैं बादल बनकर तुझ पर बरसूँगा,
तेरी धरती को ठंडक दूँगा,
तेरी पीड़ा को चुपके से सोख लूँगा।"

और जब अंधेरा तुझे निगलने को आएगा,
जब आसमान भी मौन हो जाएगा,
मैं बिजलियों में तेरा नाम लिखूँगा,
हर बूँद से तेरा मर्म बुनूँगा,
तेरी ख़ामोशी में गीत रचूँगा,
और तुझे फिर से अमर कर जाऊँगा।

सोचता हूँ, इस बादल को मैं क्या कहूँ?
क्या इसे यशोदा पुकारूँ? या इसे ईश्वर मानूँ?
शायद दोनों ही कम पड़ेंगे,
क्योंकि यह सिर्फ़ प्रेम का अस्तित्व है,
जो हर दर्द पर अपना आँचल रखता है,
जो जलकर भी धुआँ नहीं होता,
जो बुझकर भी राख नहीं होता,
जो गिरकर भी मिटता नहीं,
बस ममता की तरह हर ओर बहता रहता है।

सारांश

यशोदा ने कृष्ण को जन्म नहीं दिया, फिर भी उनके लिए माँ बन गई। ईश्वर को हमने देखा नहीं, फिर भी वह हमारी पीड़ा समझता है। इसी तरह, यह ज़रूरी नहीं कि जो हमें सबसे ज़्यादा चाहता हो, वह हमें दिखे या हम उसे पहचानें। कभी-कभी पराए लोग भी अपनों से अधिक हमारे लिए खड़े होते हैं, हमारी पीड़ा को समझते हैं, बिना किसी अपेक्षा के।

जब तारा टूटा, तो अम्बर ने कुछ नहीं किया, लेकिन बादल बरस पड़ा। यह कोई रक्त संबंध नहीं, बल्कि निश्छल करुणा थी।

बादल कहता है, "जब भी तू टूटेगा, मैं बरसकर तेरी पीड़ा को छुपाऊँगा, बिजलियों में तेरा नाम लिखूँगा, और तुझे अमर कर दूँगा।" यह दिखाता है कि सच्चा अपनापन और प्रेम दिखावे का मोहताज नहीं होता।

बादल हमें यह सिखाता है कि प्रेम केवल उन्हीं के लिए नहीं होता जिन्हें हम जानते हैं, बल्कि हर उस हृदय के लिए होता है जो धड़कता है।

एक था राजा, एक थी रानी

एक था राजा, एक थी रानी,
दोनों की थी अलग कहानी;
एक था तक़दीरें संवारने वाला,
दूसरी थी बस लकीरों पर चलने वाली।

जब आँखें उनकी मिलती,
तो दिल साथ न देता;
जब दिल साथ देना चाहता,
तो मन मुरझा जाता।

बातें होती थी चाँद की छांव में,
पर हर बार ख़ामोशी ही उनके दरम्यान थी;
सांसें उलझी थी मोहब्बत की राहों में,
पर क़िस्मत उनकी बेज़ुबान थी।

मुकद्दर ही उनके ख़िलाफ़ था,
हर लफ़्ज़ में बस इक सवाल था।
जो प्यार था, वो कशमकश बन गया,
दो दिलों के बीच फ़ासला बन गया।
राजा समझा कुछ, रानी कुछ और,
तक़दीर ने लिखा बस एक अधूरा दौर।

रानी समझी, राजा ने दिल से दूर किया,
राजा समझा, रानी ने साथ छोड़ दिया।
एक खामोश रहा, दूसरा सवाल करता गया,
दोनों सुलझाना चाहते थे, पर फासला बढ़ता गया।
शब्द अनकहे थे, पर चोट गहरी थी,
दोनों सही थे, मगर किस्मत ही ठहरी थी।

जब अचानक दोनों की राह मिली,
तो दोनों एक-दूसरे के लिए अजनबी बन गए;
बस मन में कुछ उम्मीदें थी,
दिल में कुछ तस्वीरें थी।

धड़कनों में थी कोई अनकही सदा,
जो चीखना चाहकर भी ख़ामोश रह गई;
आँखों में थी बिछड़ने की सज़ा,
जो रोना चाहकर भी अश्कों में बह गई।

तब से यह प्रेम कहानी प्रचलित हुई,
पर आज भी कोई इनके बारे में न जानता;
बस कह देता: एक था राजा, एक थी रानी,
दोनों प्रेमी जुदा हो गए,
बस, ख़त्म कहानी।

ज़िंदगी से मुराद

आज दिल उदास क्यों है,
बहुत बरस बाद उनकी याद आई क्यों है;
छिन गई उनकी सारी यादें,
दिल फिर भी उन पर फ़िदा क्यों है?

ऐसे ही प्यार नहीं हुआ था उनसे,
फ़ज़ाओं में याद थे वो हमें,
गुनगुनाने की वजह थे वो;
हँसकर भी आज दिल उदास क्यों है?

इश्क़ हुआ था हमें उनसे,
जीने की वजह थे वो;
कभी निगाहों से निगाहें मिलाते थे वो,
लबों पे ख़ुशी की वजह थे वो।

माँगा था जो दुआ में,
नहीं मिल पाए राहों में;
ओस की बूँद की तरह थे वो,
पानी बनकर बह गए जो।

क़दर नहीं है उन्हें हमारी,
रास्तों पर अकेला छोड़ गए वो;
साँसों में अब भी बसते हैं वो,
तनहाई की वजह बन चुके हैं जो।

उतर गए दिल के सारे ग़म,
वर्षों पहले जब टूट गए थे हम;
वक़्त का यह कैसा खेल है,
कि तेरी मोहब्बत में हम आज भी फ़िदा हैं।

यह शायद हमारी आख़िरी फ़रियाद है,
ज़िंदगी से बस यही मुराद है।

सारांश

कभी-कभी कोई हमारे जीवन का हिस्सा बनकर हमें जीने की वजह दे देता है, लेकिन जब वही हमें छोड़ जाता है, तो उसकी यादें हमारी तनहाई की सबसे बड़ी वजह बन जाती हैं। यह कविता अधूरे प्रेम, यादों की कशिश और न भुला पाने की बेबसी को दर्शाती है।

शुरुआत में कवयित्री खुद से सवाल करती है कि क्यों बरसों बाद भी वही शख्स दिल में बसा हुआ है। जिस प्यार ने कभी मुस्कान दी थी, वही आज उदासी का कारण बन गया। उनकी यादें अब भी साँसों में बसी हैं, लेकिन हकीकत यह है कि वे हमें छोड़कर आगे बढ़ चुके हैं।

वह मानती है कि प्यार सच्चा था, पर नियति ने दोनों को अलग कर दिया। बीते समय की यादें अब भी दिल में बसी हैं, मगर सामने वाला उनकी कद्र नहीं करता। बावजूद इसके, दिल अब भी उसी पर फ़िदा है। कविता बताती है कि प्रेम का असली दर्द बिछड़ने के बाद महसूस होता है, जब वह व्यक्ति हमारी तनहाई की सबसे बड़ी वजह बन जाता है।

ये किस्सा है उलझे दिलों का

तुम्हें मुझसे इश्क़ था,
हमें न था |
फिर भी ज़रूरत पड़ने पर,
हमने तुम्हारा साथ दिया था,
तुमने न दिया था।

आख़िर प्यार तो तुम्हें था न, जनाब,
हमें तो बस लगाव था |
फिर भी इस दिल को ज़ख़्म तुमने दिया था,
हमें तो आज भी,
तुम्हें भूलना तक मंज़ूर न था।

कभी लफ़्ज़ों में, कभी ख़ामोशियों में,
तेरा नाम अब भी उलझा सा लगता है;
जिसे मिटाने बैठे थे कभी ख़ुद से,
वही अब तक सीने में धड़कता है।

चाहत थी शायद इक तरफ़ा,
या फिर वक़्त का कोई फ़रेब था;
हम ठहरे मोहब्बत के प्यासे,
और तुम हर घूँट में ज़हर थे।

अब शिकवा नहीं तुझसे कोई,
बस एक सवाल बाकी है;
क्या वाकई तेरा प्यार झूठा था,
या बस हमारी मोहब्बत ही अधूरी थी?
क्यूँ चाहकर भी हम भुला न सके,
या हम तुम्हें अपना बना न सके?

खामोशी के पार

तुम्हारे इश्क़ का दरिया,
जिसमें मैं बहती रही,
मुझे साहिल समझ आया,
पर वो तो रेगिस्तान निकला।
तुम्हारी चुप्पी,
जैसे शोर में खोई हुई ताली,
मैंने हर बार सोचा,
शायद ये खामोशी भी एक जवाब है।

तुम्हारी नजरें,
जैसे बादलों में छुपा चाँद,
जो कभी पूरी तरह दिखा ही नहीं।
मैंने अपने सपनों के पर काटकर,
तुम्हारी हसरतों के लिए आसमान बनाया।
पर तुम्हारा आसमान,
मुझे हर बार गिराता रहा।

तुम्हारे इश्क़ ने,
मुझे आईना तोहफे में दिया,
पर उसमें दिखने वाली मैं,
वो मैं तो नहीं थी।
हर मुस्कान में तुम्हारा नाम छुपाया,
हर आंसू को तुमसे जोड़ दिया।

पर तुम्हारी चुप्पी—
उसने मेरे अंदर का शोर चुरा लिया।

मैंने खुद को खोकर,
तुम्हें पाने की कहानी लिखी।
तुम्हारा प्यार,
जैसे जंगल में कोई भूलभुलैया,
जहां रास्ते तो दिखते हैं,
पर मंज़िल कहीं नहीं।

अब जब मैं तुम्हारे सन्नाटे से बाहर निकली हूं,
तो समझ आया है,
कि मेरी आवाज़ कितनी खूबसूरत है।
मेरा वजूद,
जो तुम्हारे इश्क़ की परछाई बन गया था,
आज अपने सूरज के नीचे खड़ा है।

सारांश

यह कविता उन लोगों की भावनाओं को व्यक्त करती है जो किसी रिश्ते में अंधे होकर, बिना किसी पारस्परिक प्रयास के, खुद को पूरी तरह समर्पित कर देते हैं। जब एक व्यक्ति रिश्ते को पूरी शिद्दत से निभाने की कोशिश करता है, लेकिन दूसरा व्यक्ति उदासीन बना रहता है, तब धीरे-धीरे वह प्रेमी अपनी पहचान खोने लगता है।

रिश्तों में सिर्फ एक तरफ़ा कोशिशें कभी भी सच्चा सुख नहीं देतीं। जब कोई व्यक्ति खुद को मिटाकर किसी और को खुश रखने की कोशिश करता है, तो वह धीरे-धीरे अपने अस्तित्व, अपने सपनों और अपनी आवाज़ को खो देता है। इस कविता का मुख्य संदेश यही है कि प्यार में संतुलन ज़रूरी है—जहां दोनों साथी समान प्रयास करें।

अगर एक रिश्ता सिर्फ एक इंसान के बल पर टिका हो, तो उसे या तो बदलना चाहिए या छोड़ देना चाहिए। क्योंकि जब हम ऐसे असंतुलित प्रेम से बाहर आते हैं, तभी हमें एहसास होता है कि हमने कितना कुछ खो दिया था—अपनी आवाज़, अपनी खुशियाँ, और सबसे ज़रूरी, खुद को।

तेरे बिना मैं

उसने पूछा,
"क्या ख़ास है मुझमें?"
तो कहने को कुछ नहीं मिला |
आख़िर मैंने तो कभी यह नहीं सोचा था
कि क्या ख़ास है उसमें?
मैंने तो कभी यह न चाहा था कि
किसी तराज़ू पर रख दूँ,
और उसे तोल दूँ, फिर उसका मोल बता दूँ|

लोग कहते हैं,
कि वो सागर तो मैं किनारा,
कि वो चाँद तो मैं चाँदनी,
कि वो दिल तो मैं धड़कन।

लेकिन मैं नहीं मानती ये बातें।

मैं तो सोचती हूँ,
कि मैं क़लम तो तू स्याही,
कि मैं चाँद तो तू सूरज,
कि मैं गुब्बारा तो तू हवा।
तेरे बिना तो मैं अनुपयोगी,
तेरे बिना तो मैं अधूरी।

तेरे बिना मैं—
जैसे रंग बिन तस्वीर,
जैसे धूप बिना किरन,
जैसे गीत बिना धुन,
जैसे बारिश बिना बादल का गगन।

तू है तो लफ़्ज़ों में मायने हैं,
तू नहीं तो बस खामोशी का शोर।
तेरे होने से मैं मुकम्मल हूँ,
वरना मैं सिर्फ़ एक अधूरी कहानी हूँ।

तेरे बिना मैं—
जैसे चिड़िया के पर कट जाए,
जैसे कोहरे में सूरज छिप जाए,
जैसे रूह से सांसें रूठ जाएँ,
जैसे जुगनू भी जलकर बुझ जाए।

तू मेरे हर लम्हे की धड़कन,
तू मेरी हर रात की राहत।
तू नहीं तो सब बेनाम,
तू है तो हर ग़म भी इबादत।

दौर-ए-हयात

कुछ सिसकियाँ लेने के लिए जगह कम थी,
यह दिल उदास था, पर तनहाई कम थी।
अंधकार में रोशनी के लिए
एक दीया काफी था,
पर उसे जलाने के लिए आग कम थी।

वह घर पुराना था,
लोग पुराने थे;
बस यादें बची थीं,
लेकिन याद करने वाले कम थे।

सिर्फ एक पेड़ को देखने के लिए
खिड़की खोली थी,
लेकिन उस पेड़ में अब वह बात नहीं थी।

कल तक जो समझ आ रहा था,
आज अचानक नया लग रहा है;
कल तक जिस रास्ते में घर था,
आज उसी रास्ते को जानने के लिए
इशारा माँगना पड़ रहा है।

अब चाँद पर जाने वाले,
पड़ोसन तक का हाल न जानते;
छोटी डिब्बियों में सिमटने वाले,
अब इस बाहर की दुनिया को न पहचानते।

वक़्त तेज़ दौड़ रहा है या विकास,
पता नहीं; लेकिन
अब इस इंसानों की दुनिया में इंसानियत कम थी,
कुछ सिसकियाँ लेने के लिए जगह कम थी।

सारांश

यह कविता जीवन की बदलती सच्चाइयों और आधुनिक समाज में घटती भावनात्मक गहराइयों को दर्शाती है। पहले दो पदों में कवयित्री बताती हैं कि आज इंसान के पास दुखी होने के कारण तो बहुत हैं, पर उन्हें बाँटने के लिए कंधे कम हैं। अंधेरे में रोशनी की जरूरत तो है, पर वह जलाने की आग भी बुझती जा रही है। बीते हुए कल की यादें बची हैं, पर उन्हें सँभालने वाले लोग धीरे-धीरे कम हो रहे हैं।

कविता इस बात पर भी प्रकाश डालती है कि हम जिस तेजी से विकास कर रहे हैं, उसी तेजी से हमारी जड़ें हमसे दूर होती जा रही हैं। "छोटी डिब्बियाँ" मोबाइल और इंटरनेट का प्रतीक हैं, जो हमें एक आभासी दुनिया में कैद कर रही हैं, जहाँ हम अपने ही आसपास के लोगों से अंजान होते जा रहे हैं। हम चाँद तक पहुँच गए, लेकिन पड़ोस में कौन रहता है, यह तक जानने की फुर्सत नहीं।

लेकिन क्या सच में यह विकास है, या एक धीमा विनाश?

क्या आधुनिकता की दौड़ में हम अपनी इंसानियत को ही पीछे छोड़ते जा रहे हैं?

मिल जाए तो मिट्टी, खो जाए तो सोना

सुना ही होगा,
कि मिल जाए तो मिट्टी,
और खो जाए तो सोना...
आख़िर क़द्र उसकी नहीं जो है अब,
क़द्र तो उसकी है,
जो ना मिलेगा कब।

मिलने पर तो तुमने एक फूल दिया था,
मरने पर तो तुमने एक गुलदस्ता पकड़ाया था।
जब मैं पास थी,
तब तो तुमने एक बार भी ना हँसाया था,
लेकिन जाने के बाद तो तुमने
हर रोज़ मुझे एक चुटकुला सुनाया था।

कल तुम्हें बात करने के लिए लफ़्ज़ न मिल रहे थे,
और आज देखो, तुम्हें मुझसे जवाब न मिल रहे।
कल तक तो वक़्त न मिलने के कारण बात भी कम करते थे तुम,
और आज देखो,
वक़्त को ही फेरने चले हो तुम।

सुनो,
पिछली दीवाली पटाखों के साथ मनाई थी,
इस बार सिर्फ़ दिया और बत्तियाँ जलाकर मना लेना।
पिछली होली तो मिठाई भी नहीं खाई थी,
इस बार सिर्फ़ तुम्हारे हाथों से रंग ही लगा देना...

अनहद

आगे की कविताओं को पढ़ने से पूर्व आपको **इश्क़, मोहब्बत और प्यार** के बारे में जानना होगा और उनके भीतर के फ़र्क़ को समझना होगा—एक फ़र्क़ जो कम लोग समझते हैं।

प्यार दोनों तरफ़ से होने वाली एक मासूम और सुखद भावना है, जिसमें विश्वास, साथ और अपनापन होता है। इसमें उम्मीदें भी होती हैं और रिश्ते निभाए जाते हैं। प्यार में लोग एक-दूसरे के लिए होते हैं, इसलिए यह अपेक्षाओं के साथ चलता है।

मोहब्बत एकतरफ़ा जुनून होती है—कोई चाहे या न चाहे, दिल लग ही जाता है। इसमें चाहत इतनी गहरी होती है कि इंसान अपने होने का मतलब ही सामने वाले से जोड़ लेता है। मोहब्बत कभी-कभी बिना मुकम्मल हुए भी ज़िंदा रहती है।

इश्क़ सबसे ऊँचा दर्जा है—यह माँगता नहीं, बल्कि छोड़ना सिखाता है। इसमें अपने जज़्बातों से ऊपर उठकर सामने वाले की खुशी को तरजीह दी जाती है। इश्क़ में कुर्बानी होती है, मगर शिकायतें नहीं। यही वजह है कि इश्क़ पाने से ज़्यादा, खोने का नाम है।

तो सोचो… जो सबसे गहरा है, वो पाना बड़ा है या छोड़ देना?

तेरी जुदाई की याद

क्यों ज़िक्र किया था नाम तुम्हारा,
क्या कभी सच में अपने दिल को नाम किया भी था तुमने हमारा?
इश्क़ क्यों हुआ था तुमसे,
क्या याद भी आती होगी तुम्हें हमारी?

चलो, माना कि हमारा प्यार सच्चा नहीं था;
लेकिन फिर भी,
इस दिल को क्या बताऊँ,
जो तेरे नाम के बिना धड़कता भी नहीं,
जो सिर्फ़ तेरे हवाले है।

जब प्रेम की बात चले,
तो कृष्ण-राधा की प्रीत याद आए;
और संग मीरा की भक्ति भी,
जिसमें समर्पण का दीप जल जाए।

कोई प्रेम में मिलन पा ले,
तो कोई समर्पण में अडिग रह जाए।
कुछ प्रेम में साथ चलते हैं,
तो कुछ प्रेम को आराधना बना जाएँ।

इंतज़ार तो मीरा ने भी किया था,
नाम तो मीरा ने भी जपा था;
कुछ प्रेम संसार में संग चलते हैं,
तो कुछ युगों-युगों तक अमर बना रहता है।

रेत पे लिखे थे जो सपने,
लहरों ने हर राज़ मिटा दिया;
तूने चाहा या नहीं,
पर मुझे बिन कहे ही भुला दिया।

आसमान के शराबी रंग में,
सूरज ने भी चाँद के लिए सर झुकाया था।
ज़िंदगी नाम कर दी है तुम्हारी,
बस तुम्हारा फिर से पिघलाना बाकी था।

दिल क्यों शोर मचाए

क्या फ़ायदा उन लफ़्ज़ों का,
जिन्हें कहकर तुमने मुझसे प्यार जताया,
जबकि आख़िर में तुम्हारे दिल में,
कोई और था समाया।

तुम्हें पाने की ख़्वाहिश करते थे हम,
जबकि तुम हमें देना चाहते थे सिर्फ़ आँसू और ग़म,
तुम्हारी ग़ज़लों के दोहे बन गए थे हम,
दिल आज भी कहता है—कहीं खो गए थे हम।

बेवजह इन अधखुली किताबों में तेरा ज़िक्र ढूँढते हैं,
जैसे किसी पुराने ख़त में बिछड़े मौसमों की महक छुपी हो,
शब्द मिट चुके हैं, मगर एहसास अब भी गीले हैं,
जैसे बारिश के बाद भी दीवारें सीली हों।

माना कि तुम्हारे साथ बिताए थे हमने दिन बहुत कम,
पर फिर भी दिल से चाहा था हमने तुमको सनम;
शायद तुमसे प्यार इज़हार करने में देरी कर दी हमने,
अब तुम बिन नहीं कटते ये कमबख़्त लम्हे।

माना कि सच्चा प्यार नहीं था,
हमें तुमसे, या तुम्हें हमसे;
लेकिन झूठी तसल्ली देकर,

झूठे सपने दिखाकर,
झूठा प्यार करने की ज़रूरत क्या थी तुम्हें हमसे?

अब तेरा नाम तक लबों पर लाना भारी पड़ता है,
जैसे किसी वीरान मकान में गूंजता हो एक टूटा साज़,
ख़ुदा जाने ये सज़ा है या इश्क़ की दुआओं का असर,
पर अब भी तेरी यादों में जलते हैं मेरे सारे राज़।

चलो मान लेते हैं,
कि इस क़दर हमारा मिलना,
ख़ुदा को मंज़ूर नहीं;
पर मैं हर रात उस चाँदनी का क्या करूँ,
जिसमें तुझ-सा कोई नूर नहीं?

प्यार हुआ हमें तुमसे

इस क़दर उन्होंने हमसे इश्क़ जताया,
कि उनसे प्यार न करने के गुनाह ने,
हमें बहुत सताया।

हम उस चाँदनी में,
तुम्हें निहारते रह गए,
और तुम उस रोशनी में,
हमारे रिश्ते को बिखरते रह गए।

हमारा शांत हो जाना,
उन्हें हमारी हार लग रही है,
हमारी लाचारी लग रही है;
कौन बताए उस ग़ालिब को,
कि इस चकोर को सबसे प्यारी,
उनकी चाँदनी लग रही है।

हम न मिले थारे को,
तो कोई दूजा मिल जाए;
क्या लीला है इस कुदरत की,
कि कीचड़ में भी कोमल खिल जाए।

जब न था कोई हमारे साथ,
तब भी थामा था हमने तुम्हारा हाथ;
जब सब था हमारे पास,
तब भी नाम जपती थी तुम्हारा, हमारी हर एक साँस।

क्या इसे भी प्यार न कहोगे,
क्या एक बार भी पास आकर हाल न पूछोगे?
हज़ार बार से ज़्यादा माफ़ी माँग ली है हमने तुमसे,
चलो, अब मान भी लो,
कि प्यार हुआ है हमें तुमसे।

हीर - रांझा

चेनाब के तट पर था सपनों का राज,
जहाँ रांझा बजाता था बंसी का साज,
मिट्टी से खेला वो दुनिया से अलग,
मगर घर में जलती थी तानों की आग।

तक़दीर से रूठा तो राहों में बह गया,
ख़्वाबों के जंगल में बंजारा कह गया,
जंगल से पहुँचा था जांग के नगर,
जहाँ चाँद जैसी थी हीर की नज़र।

बंसी की धुन में था जादू कोई,
धड़कन की गहराई में आंसू कोई,
हीर के लब पे था मिलन का सुरूर,
मगर तख़्तों की गलियों में था एक दस्तूर।

क़ैद कर लिया था सियालों ने प्यार,
सिंदूर नहीं, एक सौदा था तैयार,
रांझा था तन्हा, फकीरी में खोया,
मगर दिल में जलता रहा नाम हीर का।

सालों के बाद आई वो रोशनी,
मिलन की थी जैसे बहारें घनी,
मगर चालों में बैठा था क़ातिल कहीं,
क़िस्मत में लिखी थी जुदाई वहीं।

ज़हर की प्याली थी, छल की सज़ा,
हीर के हाथों से फिसली दुआ,
रांझा ने देखा तो साँसें जमीं,
मोहब्बत भी हारी थी साज़िश वहीं।

उसने भी पी ली वो मौत की रात,
ख़त्म हो गया एक जीवन का साथ,
मगर कब्रों की मिट्टी भी हंसने लगी,
"इश्क़ ज़िंदा है!" ये कहने लगी।

चाँदनी रोई, जब धड़कन रुकी,
सदियों की मोहब्बत थी ख़ामोश झुकी,
चेनाब ने पूछा, "क्या पाया तुमने?"
लहरें बोलीं, "बस बिछोह लिखा तुमने।"

सिंदूर की राख थी, कफ़न में सजी,
दुआओं की लौ भी बुझने लगी,
मिट्टी ने पूछा, "कैसा इश्क़ था?"
ख़ुशबू ने कहा, "जो साँसों में जलता रहा।"

तारीख़ ने लिखा, "इश्क़ तो अमर था,"
मगर तक़दीर ने जवाब दिया,
"हीर की लाश ही गवाह बनी,
जो मोहब्बत में हारी नहीं—बलिदान बनी।"

अब भी रातों में बंसी कहीं गूंजती है,
हीर की सिसकियाँ हवाओं में रूठती हैं,
रांझा के नक़्श पर अब भी ओस गिरती है,
चेनाब के किनारे मोहब्बत आज भी सिसकती है।

कब्रों की दरारों से अब भी फूल खिलते हैं,
हर जनम में इश्क़ के ताबूत खुलते हैं,
जिसे मिट्टी ने दफ़्न किया था कभी,
वो आज भी साँसों में धड़कते मिलते हैं।

सारांश

यह कविता हीर-रांझा की कहानी बयां करती है, जो पंजाब की सबसे मशहूर प्रेम गाथाओं में से एक है। यह प्रेम, संघर्ष और बलिदान की कथा है, जो सदियों से लोगों के दिलों में बसी हुई है।

रांझा, एक अमीर जाट परिवार का बेटा था, जिसे अपने ही घर में उपेक्षा मिली। दुखी होकर वह अपना घर छोड़कर दर-दर भटकने लगा और सफर के दौरान जांग शहर पहुंचा, जहाँ उसकी मुलाकात हीर से हुई। हीर सय्याल परिवार की बेहद खूबसूरत लड़की थी। जब उसने रांझा को देखा, तो दोनों की आँखों में प्यार बस गया। हीर के परिवार ने रांझा को अपने पशु चराने का काम दिया, और वहीं दोनों का प्रेम परवान चढ़ा।

लेकिन प्रेम को समाज कब स्वीकार करता है? जब उनके रिश्ते की भनक हीर के परिवार को लगी, तो उन्होंने दोनों को अलग कर दिया और हीर की शादी किसी और से तय कर दी। दिल टूटे रांझा ने संन्यास ले लिया, मगर प्रेम ने उसे फिर से हीर तक पहुँचाया।

हीर-रांझा का विवाह तय हो गया, लेकिन हीर के चाचा कैदों ने चाल चली और शादी से पहले ही उसे ज़हर दे दिया। जब रांझा ने हीर को मृत देखा, तो उसने भी विष पी लिया। जहाँ सच्चा प्रेम होता है, वह कभी मरता नहीं—वह लोगों के दिलों में सदैव जीवित रहता है।

पर सोचो-अगर मोहब्बत हर बार क़ुर्बानी माँगती है, तो कसूर प्यार का है, या फिर इस दुनिया का?

मोहब्बत

बादलों को भी इन आँखों पर तरस आया,
इसलिए आँसू गिरने से पहले ही बूँदों का सैलाब आया;
हवा के झोंकों को भी इस दिल पर रहम आया,
इसलिए पत्ते ही सही, मगर कोई तो सहारा देने आया।

पहले तो हमें भी यह एहसास न था,
कि दर्द से लिपटे हैं हम,
फिर उन ठंडी फिज़ाओं ने धीरे से बताया,
कि सुख से ही तो मुँह फेरे हैं हम।

नदियों के कल-कल ने कुछ कहा,
दृष्टि के दर्पण ने सच को संजोया,
अब तो बस यही एहसास गहराया,
कि यह प्यार कहीं का न रहा,
अब तो बस तू ही मेरे दिल में समाया।

पत्तों की सरसराहट से बादलों के गर्जन तक,
बारिश की बूँदों से बिखरते सपनों तक,
आजकल बस यही हसीन लगता है,
हमें तुमसे कितनी मोहब्बत है,
ये तुम्हें कहाँ पता है!

चलो फिर भी इंतज़ार करेंगे हम तुम्हारा,
अगले सावन तक वहीँ ठहरेगा शव हमारा,
शायद उसके बाद हमारी राह बदल जाए,
शायद इसके बाद वापस वही मौसम बदल जाए।

दूसरी मोहब्बत

किसी दिन एक अंजान से मुलाकात हुई थी,
और फिर से एक बार मोहब्बत की उम्मीद उठी थी।
दो पल का ही शायद वह प्यार था,
क्योंकि हर पल तो मेरे दिल में कोई और ही समाया था।

माना कि एक बातें करना चाहता नहीं,
तो दूसरा चाहकर भी कर पाता नहीं;
लेकिन आज भी उस प्यार के खिलौने को पता है,
कि पहला सच्चा प्यार भी हमें हुआ था एक अनजान से ही।

अब तो दिल का खिलौना टूट गया है,
और कैसे मैं यह मान लूँ,
कि यह अंजान प्यार करके ही इससे जोड़ने को आया?
जबकि प्यार की वजह से ही यह चूर-चूर हुआ,
तो फिर खून का दवा खंजर कैसे हुआ?

दूसरी मोहब्बत कोई खेल नहीं,
और पहली मोहब्बत पाना आसान नहीं।
चलो माना कि मेरे जीवन में प्यार ही नहीं,
लेकिन किसने कहा हमें कोशिश भी करनी नहीं?

इतने दिनों बाद फिर से मोहब्बत का धुआं उठा है,
लेकिन अब भी पहली मोहब्बत का दिया थोड़ी न बुझा है।
तुम कह तो लोगे कि यह आसान सा चुनाव है,
लेकिन यह सिर्फ हमें पता है कि पहली मोहब्बत को पाकर भी न पाना,
कितना गहरा घाव है।

इसलिए शायद उस अनजान से दो पल का ही प्यार था,
क्योंकि हर पल तो मेरे दिल में कोई और ही समाया था।

इश्क़

इश्क़ तुम न करना,
ये रोग ही लगाए,
इश्क़ तुम न करना,
ये आस भी बुझाए।

इश्क़ करोगे तो दफ़्न हो जाओगे,
इश्क़ करोगे तो तबाह हो जाओगे।
ये जानकर भी इश्क़ करोगे,
तो जनाब,
अलविदा तक कह न पाओगे,
इश्क़ करते - करते सिर्फ़ सपनों में ही मुसकुराओगे।

इश्क़ तुम न करना,
ये गुनाह न करके भी तुम्हें क़ैदी बनाए।
इश्क़ तुम न करना,
ये तरसाने के बाद भी हाथ न आए।

इश्क़ करोगे तो दुआ तुम माँगोगे,
और तुम्हारा इश्क़ कोई और ले जाएगा।
इश्क़ करोगे तो सारे सुख उसके नाम करके,
उसके हिसाब के सारे दुःख
तुम अपने नाम कर लोगे।

इश्क़ तुम न करना,
ये झूठे सपने दिखाए।
इश्क़ तुम न करना,
ये तुम्हारी आँखों में, उसे छिपाए।

इश्क़ करोगे तो दर्द का भी जश्न मनाओगे,
इश्क़ करोगे तो हँसते-हँसते
उसके लिए अपनी साँसें गँवा दोगे।
ये जानकर भी इश्क़ करोगे,
तो जनाब,
हर रोज़ उसे चाँद कहते रहोगे,
और उसे चाँद की दूरी से ही देख पाओगे।

इश्क़ तुम न करना,
ये आवारा ही बनाए।
इश्क़ तुम न करना,
ये सिर्फ़ अपनों से दूर करवाए।

इश्क़ करोगे तो ख़ुदा उसे बना दोगे,
और तुम्हारा इश्क़
किसी और के साथ मंदिर में दिख जाएगा।
इश्क़ करोगे तो उसका नाम हर पन्ने पर लिखोगे,
और वो?
वो तो उस किताब को कभी पढ़ भी न पाएगा।

इश्क़ तुम न करना,
ये जलकर राख हो जाए।
इश्क़ तुम न करना,
ये उस राख को भी चंदन समझ
माथे पर सजाए।

इश्क़ तुम न करना,
ये मौत ही सजाए।
इश्क़ तुम न करना,
ये दफ़्न होने के बाद भी
कभी बुझ न पाए।

About the Author

सेजल पति का जन्म 2009 में ओडिशा के ब्रह्मपुर में हुआ। बचपन से ही वह किताबों की दुनिया में सुकू न पाती थीं और हर तरह की किताबें पढ़ने का शौक रखती थीं। उन्होंने कोलकाता, रांची, शहडोल और भुवनेश्वर जैसे कई शहरों की यात्रा की, लेकिन असली सफर तो उनकी सोच और शब्दों का था।

महज 12 साल की उम्र में, जब ज़िंदगी ने कठिन मोड़ लिया और हालात उनके पक्ष में नहीं थे, तब उन्होंने अपनी भावनाओं को शब्दों में ढालना शुरू किया। उनके पास अपनी भावनाएँ बाँटने के लिए ज़्यादा लोग नहीं थे, लेकिन कागज़ ने उन्हें कभी परखा नहीं, न ही किसी तरह का आकलन किया। धीरे-धीरे यह आदत उनके लिए आत्म-अभिव्यक्ति का सबसे सशक्त माध्यम बन गई।

आम किशोरों की तरह सिर्फ़ अपनी भावनाओं तक सीमित रहने के बजाय, उन्होंने समाज की समस्याओं को एक अलग दृष्टि से देखा और अपनी संवेदनशीलता को कविताओं में ढालने लगीं। उनकी कलम ने उन मुद्दों को छुआ, जिन पर लोग अक्सर चुप रहते हैं। यही जज़्बा उन्हें एक कवयित्री बना गया। और महज़ 15 साल की उम्र में, उन्होंने अपनी पहली किताब "कागज़ का घर" प्रकाशित किया —एक ऐसा कदम जो उनकी लेखनी और सोच की परिपक्वता को दर्शाता है।

सेजल पति, एक ऐसी युवा कवयित्री, जिन्होंने अपनी भावनाओं को शब्दों की ताकत दी और समाज को एक नया दृष्टिकोण देने की ठानी। आप उन्हें इंस्टाग्राम पर @sejalpati_ पर फॉलो कर सकते हैं।

www.ingramcontent.com/pod-product-compliance
Lightning Source LLC
La Vergne TN
LVHW041607070526
838199LV00052B/3022
* 9 7 8 9 3 6 7 8 3 3 5 4 4 *